AI TAKAHASHI
20th MEMORIAL BOOK

AI VERSARY

高橋 愛

宝島社

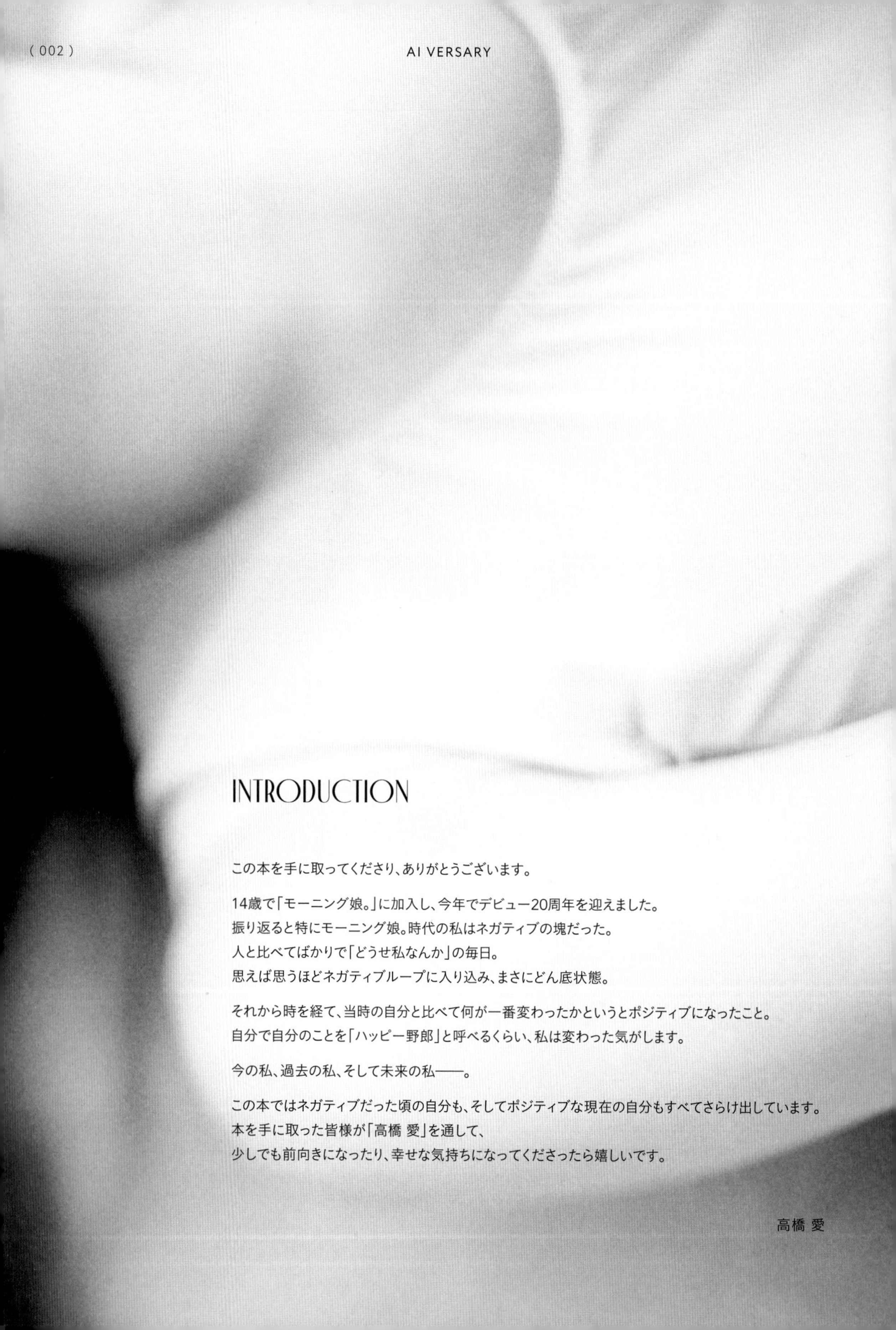

INTRODUCTION

この本を手に取ってくださり、ありがとうございます。

14歳で「モーニング娘。」に加入し、今年でデビュー20周年を迎えました。
振り返ると特にモーニング娘。時代の私はネガティブの塊だった。
人と比べてばかりで「どうせ私なんか」の毎日。
思えば思うほどネガティブループに入り込み、まさにどん底状態。

それから時を経て、当時の自分と比べて何が一番変わったかというとポジティブになったこと。
自分で自分のことを「ハッピー野郎」と呼べるくらい、私は変わった気がします。

今の私、過去の私、そして未来の私――。

この本ではネガティブだった頃の自分も、そしてポジティブな現在の自分もすべてさらけ出しています。
本を手に取った皆様が「高橋 愛」を通して、
少しでも前向きになったり、幸せな気持ちになってくださったら嬉しいです。

高橋 愛

2 NOW

CHAPTER TWO

LIFE STYLE

3 FUTURE

CHAPTER THREE

NEW ME

0

1 PAST

CHAPTER ONE

MORNING MUSUME。

OPENING ACT

JUST THE WAY I AM

PAST

CHAPTER ONE

MORNING MUSUME。

HISTORY OF MORNING MUSUME。

MEMORIES FROM 2001 WHEN I MOVED TO ASAGAYA

オーディションに合格、そして阿佐ヶ谷へ上京

――オーディションに応募したきっかけを教えてください。

「年齢が1つしか変わらない後藤（真希）さんが入ったときに、雲の上の存在だと思っていたモーニング娘。が一気に近づいて。でも福井県って『ASAYAN』の放送が遅れているので、4期のオーディションを知ったときにはもう募集が終わっていたんですよ。だけど5期の募集が新聞に載っているのを友だちに教えてもらって、お母さん以外には内緒で受けました。お母さんはどちらかというと、芸能界に行かせたい人だったんですよ。モーニング娘。を受ける前に、私に黙って他の事務所に応募していたこともあって。そのときは、レッスン費がかかるからやめておこうってことになったんですけど」

――お父さまにはどの段階で話したのですか？

「途中でお母さんが『受かっちゃうかも』と気後れしたらしくて、話したんですよね。もともと宝塚を目指していたからそこを指摘されたし、『ゴマキ抜くで！』と父を説得するのに必死で。なんとかOKをもらったあと、会社の人が面談で家に来たときに『芸能界を信用してない』と言うから、お父さんのせいで落ちる～!!と思っていました（笑）」

――その頃は宝塚への夢は諦めていたのですか？

「どちらかというと、諦めていたのかもしれないです。身長が伸びなかったし。受けたい想いはあったけど、モーニング娘。になりたい！という想いが強かったから、こちらを受けたんだと思います」

――オーディションで印象的なことは？

「合宿に残ったのが9人だったんですけど、合格は1人と言われていたから『（小川）麻琴が絶対に受かるよね』とみんなで盛り上がっていました。だから一緒に写真を撮っておこうって（笑）。とにかくダンスがうまくて何でもこなせるし、めっちゃキラキラしていたんです。あと審査で演技をやったんですよね。こんこん（紺野あさ美）はセリフを覚えるのがずば抜けて早かったんですよ。私は全然頭に入らないから、（木下）優樹菜と寝る間を惜しんで覚えていました。優樹菜とはなんだか気が合って、自分が受かりたいというよりも２人で一緒に受かりたいと思っていました」

――当時、自分が受かるかもしれない、という気持ちはありましたか？

「なかったんですよね。どうやったら目の前の課題をクリアできるか、あとはとにかくオーディションに受かりたいというシンプルな気持ちだけでした。バレエを習っていたときは３カ月で１曲を覚えていたのに、数時間で1曲の振り付けや歌詞を覚えないといけないし、そもそもやったことがなかったので、覚えるのにとにかく必死でしたね。１人だけ呼び出されて、『なぜ怒られたのかわかるか？』と怒られるし。だからすごく怖くて、怒られないためにやらなきゃと思っていました」

――合格発表は先輩メンバーの前で行われました。

「『ザ☆ピ～ス！』の衣装を着た先輩たちがいたんですけど、スタッフさんに『モーニング娘。を見ちゃいけない。向かいにある時計の下を見ろ』って言われていたんですよ。ミーハーになっちゃいけないってことだと思うんですけど、多分それでみんな目つきが悪かったと思います（笑）。まず麻琴が呼ばれたから『終わった……』と思って。でも2人目でガキさん（新垣里沙）が呼ばれてあれ？と思ったら、3人目に私、4人目でこんこんが呼ばれて。喜びというよりは驚きと、優樹菜への思いもあって複雑でした。そこで落ちた子はハケるんですけど、収録終わりに優樹菜のところに行って、Tシャツを交換したんです。私はそのTシャツをずっと持っていたんですけど、ある番組で優樹菜はもう持っていないことを知って、私もすぐに手放しました（笑）」

――そこから一気に環境が変わるんですね。

「収録の2日後に合格発表がオンエアだったので、そのあいだに東京に出てこなくちゃいけなくて。誰にも言っちゃいけないし、夏休みだったので学校のみんなにお別れも言えず、持てる荷物だけ持って、しばらくはホテル暮らしでした。最初はお母さんと一緒で、でも妹がいるから、途中からおばあちゃんが出てきてくれて。当時は私も若すぎたから、おばあちゃんにすごく反発しちゃって、いつもキツく当たってしまっていたんです。麻琴も同じ環境だったということもあって、おばあちゃん同士でよく喋っていたみたいで。麻琴のおばあちゃんがいてくれて本当によかったなと思います。そこから阿佐ヶ谷に家を借りて、高校生になってひとり暮らしをするまで、だいたい1年くらいおばあちゃんと暮らしました。ひとり暮らしになってからも半分くらいはお母さんが出てきてくれていたんですけど、ひとりになると改めて家族のありがたみを感じましたね。だからこそ、今は恩返ししなきゃと思っているんです」

自信がなかった3年間、そして一度は卒業も考え……

――合格後はどういった活動が始まるのでしょうか。

「1カ月くらいはずっとレッスンをしていました。でも覚えられなくて、山田さん（当時のマネージャー）から『覚え方を覚えろ』と怒られて。私は一旦持って帰らないとできないタイプだったから、できるまで寝ずに練習していました。ガキさんとこんこんはモーニング娘。が大好きで、知っていることも多かったから覚えるスピードも早かったんですよ。でも私と麻琴は知らない曲が多くて。ただ麻琴が要領がいいのに対して、私は追いつくのに必死で、とにかく毎日怒られていました」

――当時の教育係は……。

「マネージャーの山田さんでした。めっちゃ怖かった（笑）！一番怖かったのはスケジュール帳を会社に忘れたとき。『これが外だったら、高橋のせいでみんなのスケジュールがバレてしまう。わかってんの？』って。当時は怖くて震えましたが、そんな大切なものを忘れたら怒られるわな、と今は思います。なかなかキャラクターができない４人だったし、ネットでネガティブな書き込みを見てしまって『私たちってなんで入ったんだろうね』『足を引っ張ってるよね』と考えてしまうようになったし、６期が入るまでは“新メン”と呼ばれて“５期”と言われないのもつらくて。だんだん普通のことを話していても、『ごめんなさい』という思いが先にくるようになっちゃっていて。特に6期が入るまではそうでした」

――6期の加入は5期が入ってから約1年半後でした。

「（藤本）美貴ちゃんの加入を聞いたのは、紅白（歌合戦）で美貴ちゃんのバックで私たちが踊ったあとだったから、『そういうことか！』とすべてが繋がりました。入るまではどう接したらいいかわからなかったし、勝ち負けじゃないけど、私たちが頑張ってきた1年半を一気に飛び越えていった感覚でした。（田中）れいな、さゆ（道重さゆみ）、（亀井）絵里にはいろいろ教えなきゃいけないのかな？と思っていたけど、できる子たちだったし、キャラが立っていたから『5期も負けていられないな』という気持ちにさせてくれました」

――そして先輩たちの卒業も続きます。

「卒業のたびに任されることも増えるので、『モーニング娘。として頑張らなきゃ』という気持ちはだんだん芽生えていったと思います。責任感を持つようになったというか。でも私も『涙が止まらない放課後』の頃に卒業をちょっと考えていたんです。モーニング娘。にいられることは嬉しいけど、いつまでもアイドルをできるわけではないし、自分はどうしたいんだろう？と考えたときに、宝塚を受験できるラストの年だから挑戦してみたいと思っちゃったんです。それを会社に相談したら、応援してくれて。結局『やっぱりモーニング娘。として頑張ろう』と決めるんですけど、周りの方に迷惑をかけたな、申し訳ないなという思いがこみ上げてきて、改めて気が引き締まったタイミングでもありましたね。でもそのあとに『リボンの騎士 ザ・ミュージカル』で宝塚の方や演出家さんとご一緒できることになって。キャストはオーディションで選ばれたんですけど、メンバーからも『気合い入りすぎじゃない？』と言われるくらい燃えました（笑）。主役に選んでいただいたときは『Mr.Moonlight～愛のビッグバンド～』（宝塚を連想させる高橋さんのデビュー曲）に続いて、夢が叶った！と思いましたね」

――モーニング娘。は毎年舞台やミュージカルを上演したり、高橋さんはドラマ『Q.E.D. 証明終了』（2009年）で主演を務めたり、演技のお仕事も多かったですよね。

「ミュージカルは私の場所だと思っていましたね。パフォーマンスで評価してもらっても『自分はダメだ……』と思うのに、演技では『やったー！』と思えたんです。自信があるわけではないけど、舞台はもともと大好きだったからハングリー精神があったのかもしれません。『Q.E.D.』も舞台やミュージカルとはまったく違う、新たな学びがありました。助監督の方に『演技心があるね』と褒めてもらったことも嬉しかったし、そこで勉強したことがパフォーマンスに生きたのかなぁと思います」

――外部でのお仕事でいえば、ラジオ『MBS ヤングタウン土曜日』にもレギュラー出演していました。

「（明石家）さんまさんに会える機会ってなかなかないし、嬉しかったんですけど、ツッコミが鋭くて最初は怖かったんです。何を言っても自分はダメなんだと思ってしまい、余裕がなくて。でも回を重ねるごとにお話しできることが楽しくなって、振られたときに話すことを準備するとか、トークを時間内に収めることも『ヤンタン』で学びました。（村上）ショージさんのことも当時は面白いなと思うだけで、学ぼうとしていなかったんですよね。もったいないことをしたなと思います。今もおふたりには夫婦でお世話になっていて、大好きな方たちです」

後に“プラチナ期”といわれるリーダーになって……

――2006年には初めて同期が卒業します。

「同期2人が一気に卒業してしまうのは、本当にびっくりしました。こんこんとはよくカラオケに行く仲だったし、麻琴とは“愛と麻琴”でコンビみたいだったし。いつかそういうときが来ると覚悟はしていましたが、本当に卒業って来るんだなと再確認したタイミングでした。いつまでも甘えていちゃダメだ、ちゃんとしなきゃって気持ちが生まれたのもこのときでしたね」

――そして、その翌年にはリーダーに就任。

「吉澤(ひとみ)さんの卒業後にサブリーダーになって、モーニングを引っ張らなきゃ！と、それなりの覚悟はあったんです。でもリーダーになったのがあまりにも突然で。そのとき(週刊誌の報道があったタイミング)はツアーが一段落して、美貴ちゃんと会っていたのは『ヤンタン』のレギュラーがある私くらいだったんですけど、話しているなかで『あれ？美貴ちゃん辞めちゃうの？ってことは私がリーダー!?』と思って(笑)。でも辞めないでとは言えないし、私が止めることもできないじゃないですか。とにかく心の準備ができてなかったし、ジュンジュンとリンリンが入るタイミングでもあったから、もうよくわからなかったです。『イヤだ！』というよりは『ちょっと待って！』という感じ。そのときにガキさんとギクシャクするんですよね。だんだんとみんなが敵に見えるようになってしまって、そのときはれいなによく話を聞いてもらっていました。あとは中澤(裕子)さんからも連絡があって。『愛ちゃんなりのリーダーでいいんだよ』という言葉と、つんく♂さんがコンサートのMCとして書いてくれた『アットホームなモーニング娘。を作ります』という言葉は、私の中ですごく大きかったです。それで力が抜けたんですよね。それからガキさんとも一対一で話して、役割分担をしました」

――のちに2人は、“愛ガキ”と呼ばれるようにもなりますよね。

「一緒に歌うときやお客さんを煽るときも阿吽《あうん》の呼吸みたいなものがあったし、やっぱりガキさんの歌や煽りって気持ちいいんですよね。『一緒に卒業したかった』と言ってくれていたので、私が先に卒業したことは申し訳なかったなと思うんですけど、ガキさんが見送ってくれたことはありがたかったですね。それに、ガキさんが引っ張るモーニングも見たかったんです」

――その頃は誰に悩みを相談することが多かったんですか？

「リンリンと(光井)愛佳ですね。リンリンはロケバスで帰るときによく喋っていて、最初は話を聞いていたんですけど、だんだん聞いてもらう関係になって(笑)。愛佳は猫を被っていたから(笑)、最初から気になる存在だったんです。自分と似ているから、放っておけないところもあったのかも。愛佳も話を聞いてあげるところから入って、結局私が聞いてもらうことが増えて、どっちが先輩だよ！っていう(笑)。助けてくれたメンバーはいっぱいいるけど、特に2人には本当に感謝しています」

――リーダーになり、自分に変化を感じたことはありますか？

「フランスのJapan Expoに行くときですね。衣装を数着しか持っていけないから『動きやすい衣装を優先させてほしい』とマネージャーさんにお願いしたんです。そういうことを言うタイプじゃなかったけど、そのときに『あ、モーニング娘。をどう見せたいかが大事なんだな』と自分でも驚いて。方法が合っていたかはわからないけど、当時はいろいろと戦っていましたね。感情的で客観視ができていなかったから、私は怒って泣いて(笑)、ガキさんが『愛ちゃんの言いたいことは……』と説明してくれていました。ちょっとヒーローぶっていたところもあったと思う(笑)。でもそうやってグループのことを考えるようになったのは、立場がそうさせてくれた気がします。MCでこの子が話していないなと、バランスを見るようになったのもリーダーになってからだし。最初はリーダーに“なっちゃった”だったけど、なったことで学んだことはすごくたくさんあります」

――この時期はのちに“プラチナ期”と呼ばれますが、テレビでの露出が減り、ランキングで上位を獲得することも少なくなっていきます。もどかしさはありましたか？

「とにかく目の前のことに集中していたかも。ツアーは変わらずやらせてもらっていたし、私たちは『ライブでレベルを上げよう！』、ファンのみなさんからは『支えよう！』という気持ちがすごく伝わってきて、とにかく今はこの空間を大事にしようと思っていました。あとは、その頃アジアツアーも始まったこともあって、考える暇がなかったのもよかったのかもしれません。それにフランスでのライブを(ポップカルチャー研究家の)櫻井(孝昌)さんが見てくださったことで繋がったお仕事があったり、テレビやランキングじゃないところでも、一生懸命走っていたら見てくれる人がいるんだなと思えるくらい、本当にたくさんの人が支えてくださっていました」

10年間の活動を経て、モーニング娘。を卒業へ……

――そして2011年の冬のハロー！プロジェクトコンサートで、卒業を発表します。

「考えてはいたんですけど、帝国劇場でのミュージカルのお話をいただいたタイミングで卒業を決めて。自分で決めたことですけど、ちゃんと伝えられるかどうかは不安でした。口下手なので、ちゃんと噛まずに言えるかなって（笑）。ファンのみなさんがどう思うのかなというのも正直不安でしたね」

――同時期には9期メンバーが加入し、新体制がスタート。

「9期が入ったことで、モーニング娘。の面白さを改めて感じたんですよね。いつの時代も誰かが入って抜けることで色が変わって、どんな形でも“モーニング娘。っぽい”になる。それってすごい強みじゃないですか。同時にジュンジュンとリンリンにかわいそうなことをしていたのかもしれないとも思いました。『レベルを上げろ』とは言われたけど、『カッコよくなきゃいけない』とは言われてなくて、自分たちで勝手にそう思っていたんですよね。だから2人にもすごく厳しいことをたくさん言っちゃっていたなって。9期が入ってくれて『あぁ、モーニングってこうだったな』と気づけました。『あのときこうしていればよかったな』と思うことは本当にたくさんあって、でもその経験があるからこそ見える景色があると思うので、今は現役の子たちが悩んでいたら、少しでも話を聞いてあげられたらなと思います」

――髪型を金髪ショートにしたのもこの頃です。

「本当はラストコンサートでいきなり金髪にして現れたかったんですけど、マネージャーさんに『それはさすがにやめて』と言われて（笑）。実はOKが出るまでに1年半かかったんですよね。誰に聞いてもダメだったから、つんく♂さんに直接聞いたら『ええんちゃう？』と言ってもらえて、つんく♂さんがOKだったのでやりますね！って会社の人にも報告して。それまで大人っぽい自分を見せてきていたから、変わりたいという気持ちはあったと思います。だから切って、金髪にしたときは楽しくてしょうがなかった。パフォーマンスも自分が男の子だと思ってしていましたし（笑）。真似して金髪ショートにしたファンの方もいて、受け入れてくれたんだと感じられて嬉しかったです」

――卒業が近づくなかで、気持ちの面での変化はありましたか？

「9月30日というゴールが見えた瞬間、今まで以上に楽しめたんですよね。そしたら西口さん（現・アップフロントプロモーション代表取締役社長）に『なんで今までそれをやらなかったの？ 前に出ろって言ってきたじゃん』と言われたんです。それがどういうことなのか、ずっとわからなかったんですよ。だって立ち位置は決まっているし（笑）。のちのち、さんまさんの『いつも今日死んでもいいと思って生きている』という言葉を聞いたとき、私は卒業がきっかけだったけど、さんまさんはナチュラルにそれができているからいつも輝いているんだなと思ったんですよね」

――ラストシングルやラストツアーといろいろな過程があるなかで、卒業を実感したのはどのタイミングでしたか？

「私は最後にステージでお礼をしたときです。もうモーニング娘。じゃなくなるんだと思って涙が出てきたけど、悲しいとか嬉しいとかじゃなくて、モーニング娘。でいられたことが本当に幸せだったし、顔を上げてハケるときは『みなさん！モーニング娘。をお願いします！』という気持ちでいっぱいでした。これまでみんなを見送ってきたけど、送られる側になるのって1回だけだから、なんか面白くて、ハケたあと、『私、もうモーニング娘。じゃないんだよ！』とみんなに言っていました（笑）。あと、あのとき身に着けていたものをステージから全部投げたんですよ。ダメって言われると思ったから、マネージャーさんには内緒で（笑）。でも客席の前に落ちて、ファンの方に届かないっていう（笑）。あまのじゃくだからかな？ みんながやってないことをやりたかったんですよね。卒業セレモニーでTシャツとデニムを着たのも、そのときの自分を表現できたのでよかったと思うし、みんなの卒業を見ても、ドレスにしておけばよかったとは思わなくて。あれがあのときのベストだったと思いますね」

――モーニング娘。にいた10年はどんな時間でしたか？

「モーニング娘。という大きな看板の下で修業をして、ファンのみなさんがついてきてくれて、すごく贅沢な時間でした。でも中にいると必死で、ありがたみをわかってはいたけど、もっと感じてほしかったなと当時の自分に思います。10年間、落ち込みながらも必死に走ってこられたのは、やっぱりモーニング娘。が大好きだからで。お父さんに黙ってまで受けたグループをまさか自分が引っ張ることになるとは思ってなかったけど、リーダーになったからこそ見られた景色もあるし、いろんなことを経験できた10年でした。こうやって振り返ることもないので、改めて客観視できてすごくいい機会になりました！」

ASAGAYA WALKING

DENNY'S
デニーズ

「このデニーズでよくパンを買ったな～(笑)。東京に住んでる！と実感するよりも、とにかく忙しくて。でも街の雰囲気もあって、ホテル暮らしの頃よりホッとできるようになりました」

ASAGAYA J.H.S.
阿佐ヶ谷中学校

「3年の2学期に転入して、私は2組でした。引っ越してよかったことは、学校が近くなってギリギリまで寝られたこと(笑)。ただ仕事があるので給食の前に早退することも多かったです」

ASAGAYA ST.
阿佐ケ谷駅

「駅が新しくなってる！ ちょっと寂しい(笑)。阿佐ヶ谷に来たのは、中学を卒業したあとに友だちと七夕祭りに来て以来。飾り付けがすごくて、商店街がすごく盛り上がるんですよ」

BOOKOFF
ブックオフ

「ブックオフにはよく来ていましたね。映画をレンタルしたり、ゲームを買ったり。あとはスーパーや100均に行くくらい。あ、牛角に初めて行ったのは阿佐ヶ谷に来てからでした(笑)」

BUY AND EAT
買い食い

「当時は友だちと遊ぶなら新宿や原宿に行って、プリクラを撮ったりカラオケに行ったり。若かったからよさに気づけなかったけど、今なら商店街もいろいろ楽しめそうだな～」

PEARL CENTER
阿佐谷パールセンター商店街

「空港やスタジオまでは遠かったし、帰ってくる時間も遅かったから、商店街を歩くときはだいたいお店も閉まっていて。きっとおばあちゃんとお母さんのほうが詳しいと思う(笑)」

DISCOGRAPHY

HISTORY OF SINGLES, ALBUMS, LIVE TOURS FROM 2001 TO 2011 WITH COSTUME COORDINATED IN PLAIN CLOTHES.

2001

SINGLE

モーニング娘。13th SINGLE

『Mr.Moonlight ～愛のビッグバンド～』

2001年10月31日発売

「冒頭の『愛をください』はレコーディングの時点では誰になるかわからなくて。4人でブースに入って練習して、ひとりずつ呼ばれてレコーディングしたんです。それぞれが歌っているのをブースの中で聴いていた状況をよく覚えています。CDではガキさん（新垣里沙）が歌っていたけど、歌番組ではそれぞれに振り分けられたんですが、私は全部生放送だったんです。当時はチャンスだ！と思うよりも余裕がなくて。冒頭だし、音は外せないし、本番前はずっと発声練習をしていましたね」

2002

SINGLE

モーニング娘。14th SINGLE

『そうだ! We're ALIVE』

2002年2月20日発売

「当時のチーフマネージャーさんに『高橋をフィーチャーするから。チャンスを掴むかはお前次第だ』と言われたのを覚えています。チャンスを掴むってことがどういうことかわからず、とにかく一生懸命やりました。黒髪で暗いイメージがあったからか、この曲で初めて髪を染めたんです。マネージャーさんが中学校まで来て、先生に許可を取ってくれました」

ALBUM

モーニング娘。4th ALBUM

『4th「いきまっしょい!」』

2002年3月27日発売

「『好きな先輩』(5期曲)をいただいたときは、自分たちのことが歌詞になる不思議さもあるし、『ああ、つんく♂さんは見ててくれているんだな』と、とても嬉しかったです。『なまってるっすか』はいろんなパターンを録りましたね。のちのち、後輩たちに受け継がれて、新メンバーの登竜門になって。いまだに歌われているのはありがたいことです」

SINGLE

ハッピー♥7 SINGLE

『幸せビーム! 好き好きビーム!』

2002年7月3日発売

「初めてのことだらけで、ただ目の前のことをこなしている状況だったけど、ガキさんと（小川）麻琴と一緒だったし、メンバーみんなのノリがめちゃくちゃよくて、とても楽しかった。あいぼん（加護亜依）が『とにかく元気にいこうぜ！』と引っ張ってくれて。そんな中、私はセクシー8の『幸せですか？』も大好きだったので、よく練習していました（笑）」

SINGLE

モーニング娘。15th SINGLE

『Do it! Now』

2002年7月24日発売

「『一歩一歩でしか 進めない人生だから』の2行を4時間かけてレコーディングしたんです。跳ねるリズムが苦手で、いまだにできてないって言われます(笑)。当時は言われた通りにやるだけで、つんく♂さんに言われたことを全然掴めていなかった。その中でもボソッと言ってくれた一言がヒントになることが多くて、聞き逃さないようにしていましたね」

DVD

モーニング娘。DVD

『モーニング娘。CONCERT TOUR 2002 春 LOVE IS ALIVE! at さいたまスーパーアリーナ』

2002年7月31日発売

「このライブで『好きな先輩』を披露しているんですけど、私たちだけがステージにいるということは、リハでモーニングだけじゃなくて、ハローの先輩たちも観てくださるんです。それが一番緊張しました（笑）。本番通り……いや、本番以上に頑張っていたかも。『先輩～!』って言うとみなさんが『はーい！』と返してくれたのが本当に嬉しかったです」

DVD

モーニング娘。DVD

『モーニング娘。 LOVE IS ALIVE! 2002夏 at 横浜アリーナ』

2002年11月20日発売

「後藤さんとモーニング娘。として一緒にステージに立てるのがラストだと思うと歌えなくなっちゃって、マネージャーさんに怒られて。でもそれでちゃんと送り出さなきゃと気持ちを切り替えられたんですよね。マネージャーさんの言葉で落ち込むこともあるけど、救われることも自分を客観視できることもあるから、本当にありがたいです」

SINGLE

モーニング娘。16th SINGLE **『ここにいるぜぇ！』**

2002年10月30日発売

「お父さんを説得するのに『ゴマキを抜く』と言ったくらい、私にとって後藤（真希）さんは大きい存在で、5期にとっては初めての卒業だったので、後藤さんが卒業しちゃった！ヤバい！どうしよう！と思っていました。だからこの曲はみんな気合いを入れていて、それぞれがそれぞれの方法で弾けていて。特に石川（梨華）さんが覚醒していた気がします」

SINGLE

ミニモニ。と高橋愛+4KIDS SINGLE

『げんき印の大盛りソング／お菓子つくっておっかすぃ～！』

2002年11月27日発売

「ミニモニ。になれるなんて思ってもいなかったので、代々木第一体育館の楽屋でつんく♂さんから聞いて、3～4回は確認しました（笑）。今思うとラッキーだったけど、そのときはとにかくなんで？私150cm以上だよ？と思っていましたね。当時、ファンの方たちがどう思ったのかを聞けなかったから、これを読んだ方はぜひ教えてください（笑）」

BREAK THROUGH 自分をブチ破れ！

◀2003

ALBUM

モーニング娘。5th ALBUM

『No.5』

2003年3月26日発売

「このアルバムでは、『TOP!』がすごく好きでした。『女子かしまし物語』より前の曲だから、イントロにそれぞれの名前が入っているのも新鮮だったし、歌詞の『笑って』も大好きで、この曲になると、自分の中で『きたー！』と思いながらパフォーマンスしていたと思います。振り付けも好きだったんですよね。この曲はぜひ後輩にも歌ってほしいですね」

SINGLE

モーニング娘。17th SINGLE

『モーニング娘。のひょっこりひょうたん島』

2003年2月19日発売

「初めてセンターになった曲です。誰に言われるわけでもなく、歌割りとダンスレッスンで『私、センターなんだ』と気づいたんですよね。張り切っていたし、モーニング娘。としてこの曲をカッコよく歌いたいという気持ちがあって、『進め～』では、しゃくるような歌い方をしたりして。いっぱいいっぱいではあったけど、自分の声がはっきりとわかるようになってきたし、少しずつ『こう表現したい』という意識が芽生えてきたんです。歌を頑張ろうと思ったのは、この曲がひとつのきっかけになっている気がします」

DVD

モーニング娘。DVD

『モーニング娘。コンサートツアー2003春 NON STOP！』

2003年6月25日発売

「先輩の卒業は2回目でしたけど、慣れなかったし、寂しかったですね。特に『うたばん』は保田（圭）さんがフィーチャーされていたので、これからどうなるんだろうと思っていました。それに歌の部分で支えてくれていたところが大きかったんですよ。だからこの頃は、できるだけ保田さんから歌い方やリズムの取り方を盗もうと思って見ていました」

SINGLE

ミニモニ。5th SINGLE

『ミニモニ。数え歌～お風呂ば～じょん～ ミニモニ。数え歌～デートば～じょん～』

2003年5月14日発売

「振り付けが細かい上に2パターンあって、でも3人はサラッと覚えるんです。本当にすごいんですよ！ そんな才能の塊みたいな人たちといると、自分の存在自体を否定し始めるんですよね。当時はひねくれていたから、褒め言葉をもらっても満足できなくて。当時の私にそんなミニモニ。にいられてラッキーだったじゃん！って言ってやりたい（笑）」

SINGLE

モーニング娘。18th SINGLE

『AS FOR ONE DAY』

2003年4月23日発売

「この曲でそんなに目立っていなかったからか、会社の方から『もっと頑張れ！』と言われた記憶がありますね。頑張らなきゃとは思ったけど、じゃあどうしたらいいんだろう?という感じで悩んでしまって。その頃は与えられたことはやっていたけど、ハングリー精神が足りなかったんだと思うんですが、頑張り方がわからなかったんですよね」

SINGLE

ミニモニ。4th SINGLE

『ロックンロール県庁所在地 ～おぼえちゃいなシリーズ～』

2003年4月9日発売

「のんつぁん（辻希美）とあいぼん、ミカさんの振りを覚えるスピードが速いんですよ。私はやっぱり覚えるのが遅くて、ダンスレッスン中に泣いちゃって。そのときはのんつぁんが慰めてくれました。歌詞を表現したコミカルな振り付けで、モーニング娘。とは違うし、頭の切り替えもなかなかできなくて、『どうしよう……』という気持ちが大きかったです」

SINGLE

モーニング娘。さくら組 1st SINGLE

『晴れ 雨 のち スキ ♡』

2003年9月18日発売

「この曲を好きな方が多いんです！ 私の中ではかわいいなぁ、ピンクだなぁというイメージ。あとは髪形がとさかだったなぁという思い出（笑）。でも私、おとめ組の曲をやりたかったんですよね（笑）。カッコよく踊る麻琴が羨ましかった。ダンスレッスン中に無意識におとめ組を踊って、やぐっつぁん（矢口真里）に怒られたこともあります（笑）」

SINGLE

モーニング娘。19th SINGLE

『シャボン玉』

2003年7月30日発売

「もう、れいなの曲ですよね。『シャボン玉』自体が"田中れいな"という感じ。それまで巻き舌やがなったり、唸ったりすることってあまりなかったし、リップシーンもカメラを睨んでいることが多くて。カッコいい曲はあったけど、こういう強めな曲はモーニングにとって新しかったと思います。もうケンカを売るような感じですよね。あとはMVで水の中で踊ったのがすごく印象的。どんどん衣装が重くなるし、滑るしで、大変でした。とにかく踊って、暴れて、睨んでいましたね（笑）」

SINGLE

7AIR･SALT5･11WATER SINGLE

『壊れない愛がほしいの･GET UP! ラッパー･BE ALL RIGHT!』

2003年7月9日発売

「7AIRの『壊れない愛がほしいの』をカッコよく歌うために声のトーンを低くしたんです。楽曲を通して自分の声を聴くと、思ったよりも高くて、コンプレックスで今思うと他の方法があるだろうと思うけど（笑）、カッコいい曲を歌える喜びをそれで表現していました。他のシャッフルユニットだとSALT5が好きで、よく麻琴の真似をしていましたね（笑）」

DVD

モーニング娘。DVD

『モーニング娘。CONCERT TOUR 2003
15人でNON STOP!』

2003年12月26日発売

「ミニモニ。ではヘッドセットを使っていて、短時間で着け替えたり、息がマイクに入らないようにするのが大変でした。地方公演では、たまにみんなで焼肉を食べに行ってたのですが、（藤本）美貴ちゃんがいつもレバ刺しを３～４皿頼んでひとりで食べるんですよ。ちょうだいって言う前に『ほしかったら自分で頼みな』と言われたのが思い出です（笑）」

SINGLE

モーニング娘。20th SINGLE

『Go Girl ～恋のヴィクトリー～』

2003年11月6日発売

「歌っていて楽しいし、間違いなく盛り上がるから、モーニングっぽい曲。PVでひとりずつ『好き』って言うシーンはみんな緊張していて、なんか面白かった（笑）。そして実は、カップリングの『恋ING』が表題曲だったんです。すごく好きだし、こっちがよかったという思いもあったけど、最近では映画『あの頃。』で使われていたり、ファンの方も好きでいてくれているのがありがたいです。ただ映画に私の名前、出てくるかな？と期待して観ていたんですけど、全然出てこなかったです（笑）」

SINGLE

ミニモニ。6th SINGLE

『CRAZY ABOUT YOU』

2003年10月16日発売

「この曲からミニモニ。のイメージがガラッと変わって、そう来たか！と思いました。恋愛のことを書いた歌詞だし、しかも英語だから、あの頃は意味もわかってなくて。もう少し意味をわかっていたかったなと今は思います。この曲は特にのんつぁんのリズム感が生かされていて、かわいらしいけどカッコいいんですよ。のんつぁんを見て研究していましたね」

SINGLE

モーニング娘。22nd SINGLE

『浪漫
～MY DEAR BOY～』

2004年5月12日発売

「このMVでは政治家たちが座っている前で、私たちが意見を言うように歌うんですけど、今見ても違和感がないんですよね。つんく♂さんは時代を先取っているな、やっぱりすごいなと思います。『シャボン玉』みたいに強い言い方ではないけど、『私たちの熱い思いを見とけよ！』みたいな曲だし、イントロが流れた瞬間からテンションが上がる曲です」

SINGLE

ミニモニ。7th SINGLE

『ラッキーチャチャチャ!』

2004年4月21日発売

「ミニモニ。の最後は悲しくしたくないとみんなが思っていたし、いつか復活するかもという希望を持ちながら、最後にマイクを置こうねって相談して。寂しかったけど、完全燃焼しようと思ってパフォーマンスしていました。私は気持ちが溢れてきちゃうタイプだけど、のんつぁんとあいぼん、ミカさんの笑顔に引っ張ってもらっていた感じがします」

SINGLE

モーニング娘。さくら組 2nd SINGLE

『さくら満開』

2004年2月25日発売

「民謡チックな曲調で、裏声のような声を出しながらひっくり返したり、声色で雰囲気を出すのがすごく難しかった思い出があります。MVではにかみながら衣装の裾をはむっとくわえているんですけど、それがすっごく恥ずかしかったのを今思い出した（笑）。『これで合ってるのかな？』と思いながらはにかんだ表情をしていたと思います（笑）」

2004

SINGLE

モーニング娘。21st SINGLE

『愛あらば
IT'S ALL RIGHT』

2004年1月21日発売

「石川さんが真ん中にいて、いつもセンターだった安倍（なつみ）さんが後ろにいることが不思議でした。なのできっと、これからのモーニングを見たかったんじゃないかなと、勝手に思っていました。この頃はセンターを挟んで美貴ちゃんとシンメになることが多かったですね。センターのイメージがあると言われるけど、実はそんなことないんです（笑）」

SINGLE

モーニング娘。24th SINGLE **『涙が止まらない放課後』**

2004年11月3日発売

「実はこの頃、卒業をちょっと考えていたんです。17歳って将来を考えるターニングポイントなのかなと思います。メンバーには話していなかったけど、会社の方には相談していて……。そういういろんな思いを抱えていたという意味で印象的な曲なんです。パフォーマンスでは4人が前に出て歌って、あとのメンバーはペアダンスをうしろで踊るというのは新しい形だなと思いましたね」

SINGLE

モーニング娘。23rd SINGLE

『女子かしまし物語』

2004年7月22日発売

「メンバーごとに振り付けが違うし、でもメロディーは一緒だから覚えるのが大変で（笑）。あとテレビで披露するときは誰のパートが選ばれるんだろうとドキドキしていました（笑）。自分の訛りが入った曲は『好きな先輩』しかなかったので、福井への気持ちを注いで歌いましたね。ミュージカルっぽいし、今思うとBEYOOOOONDSみたい！」

DVD

モーニング娘。DVD

『MORNING MUSUME。
CONCERT TOUR 2004 SPRING
The BEST of Japan』

2004年7月14日発売

「安倍さんが卒業して、のんつぁんとあいぼんの卒業も控えていて、ミュージカルでも重要な役をやらせてもらっていたし、この頃は自分もモーニング娘。として認められるように頑張らないと、という気持ちがあったんじゃないかな。短いスパンで先輩が卒業していたし、言葉にはしないけど、『よし、やろう！』という思いがみんなにあった気がしますね」

2005

SINGLE

モーニング娘。25th SINGLE

『THE マンパワー!!!』

2005年1月19日発売

「MVでは時間をかけて撮影したシーンではなく、引きのダンス映像が使われたのは衝撃でした。振り入れをしたばかりだったし、誰かしら間違えているんです（笑）。フリーの部分は、当時は苦手で探り探りだったので恥ずかしい。MVはなるべく観ないでほしい（笑）。吉澤（ひとみ）さんを見て勉強しながら、コンサートで披露する中で作り上げました」

DVD

モーニング娘。DVD

『モーニング娘。コンサートツアー

The BEST of Japan 夏〜秋'04』

2004年12月8日発売

「このツアーは福井県に行ったんですよね。そしてのんつぁん、あいぼんが卒業したあとだったので、心にポッカリ穴があいた気分でした。さくら組・おとめ組でツアーを回った頃からアリーナとホールを交えて回るようになって、正直葛藤はありましたし、大きいステージに立てているのは当たり前じゃないんだとありがたさにも気づけました」

ALBUM

モーニング娘。6th ALBUM

『愛の第6感』

2004年12月8日発売

「ユニット曲の『レモン色とミルクティ』は、歌詞がすごく歯がゆかったり、振りもかわいくて、振り入れの時点では自分にできるのかな？と思ったんですよ。でも衣装を着てステージに上がると、すごく楽しくなっちゃったんですよね。あとカッコいいイメージの美貴ちゃんが踊っているのが面白くて（笑）。でも完璧にやるから、やっぱり美貴ちゃんはすごい！」

SINGLE

H.P.オールスターズ SINGLE

『ALL FOR ONE & ONE FOR ALL!』

2004年12月1日発売

「夏（まゆみ）先生の振り付けだったので、いい意味で緊張感がありました。めちゃくちゃ広いスタジオでダンスレッスンをしたんですよ。曲にパワーがあって、『みんなで力を合わせよう』という大きなメッセージが込められていたから、ひとりで目立とうというよりもみんなで大きなエネルギーをぶつけよう！という感覚で歌っていたと思います」

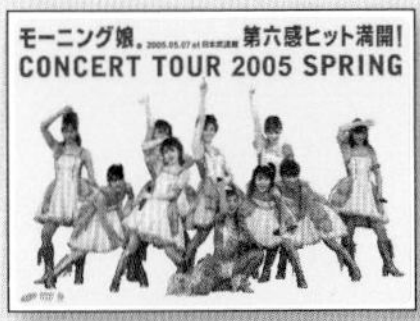

DVD

モーニング娘。DVD

『モーニング娘。コンサートツアー2005春

〜第六感 ヒット満開！〜』

2005年7月6日発売

「このツアーは矢口さんの週刊誌報道があったときだったので、会場に朝早くに入って、歌割りと立ち位置が急遽変わって。でも大変だったというよりも、やらなきゃいけなかった。あのときはリーダーになった吉澤さんが大変だったと思いますが、脱退は初めてのことだったし、急だったから複雑だったけど、メンバーが一丸となった瞬間でもありました」

SINGLE

セクシーオトナジャン／エレジーズ／プリプリピンク SINGLE

『オンナ、哀しい、オトナ／印象派 ルノアールのように／人知れず 胸を奏でる 夜の秋』

2005年6月22日発売

「今まではハロプロの全メンバーでシャッフルしていたけど、このときは選抜でエレジーズに。選ばれたことは不思議だったけど、れいなはもちろん、里田（まい）さんと柴田（あゆみ）さんと歌えることも嬉しくて。グッと距離が近づいたきっかけになりました。すごく技術のいる曲だし、ヘッドセットを着けて、動きながらやるのはすごく難しかったですね」

SINGLE

モーニング娘。26th SINGLE『大阪 恋の歌』

2005年4月27日発売

「この曲はひさしぶりにセンターで、いつも以上に責任感を持っていました。曲は情熱的だけど衣装はかわいくて、つんく♂さんっぽいギャップですよね。関西弁で歌うことも吉澤さんのセリフから始まるのも新鮮でした。吉澤さんがリーダーになって、グループの雰囲気が部活っぽくなったというか、運動部感が増したんですよね。『背中を見てついてこい！』みたいな。リーダーやサブリーダーが変わることで、グループの雰囲気ってかなり変わるんです」

DVD

MORNING MUSUME。DVD

『モーニング娘。コンサートツアー2005 夏秋

バリバリ教室 〜小春ちゃんいらっしゃい！〜』

2005年12月14日発売

「合格発表のためにメンバーみんなで新潟まで行ったり、ツアータイトルにもなっちゃうし、当時は（久住）小春は特別なんだなと思っていましたね。小春のことは子どもを育てるみたいな感覚で、この頃は教育係のさゆ（道重さゆみ）が大変そうでした。そのことを話すと、小春は『よく言われます！　でも記憶がないんですよね〜』って言うんです（笑）」

SINGLE

MORNING MUSUME。28th SINGLE

『直感2 〜逃した魚は大きいぞ！〜』

2005年11月9日発売

「もともと『恋は発想 Do The Hustle!』が表題曲だったんですけど、『愛の第6感』に入っていた『直感〜時として恋は〜』がコンサートですごく盛り上がるからってシングルになったんですよね。そこからシングル用に歌詞も振り付けも変わって。いきなり『直感“2”』って。そういう突拍子のないところがモーニング娘。らしいなと思います（笑）」

SINGLE

MORNING MUSUME。27th SINGLE『色っぽい じれったい』

2005年7月27日発売

「この曲は振り付けが衝撃でした。ジャンル的にフラメンコはやったことがなかったから、リズムの取り方も難しかったんですよね。衣装も情熱的な赤で、目つきもカッと力を入れて女性の強さを表現していたのが印象的です。SHE先生の振り付けはいつもそうきたか！って思うし、決して簡単じゃないんですけど、すごく楽しいんですよね。私は『HAPPY END STORY』の部分の振り付けと音の取り方が好きで、至るところで踊っていました。外でも踊るから、親にやめてって言われてた（笑）」

SINGLE

モーニング娘。29th SINGLE

『SEXY BOY～そよ風に寄り添って～』

2006年3月15日発売

「もともとはもっと動きが多かったけど、シンプルな振りになったんです。この曲はつんく♂さんがダンスレッスンでリズムの指導をしてくださって、そのときに『藤本はできてる』って言われていて。だから美貴ちゃんみたいに踊ろうと思うんですけど、なかなか真似できないんですよね。あとは、現役のパフォーマンスを見たときに『ちょっと違うかも』と話したこともあって。そのあとフクちゃん（譜久村聖）が『つんく♂さんに確認しました！』と律儀に教えてくれました。いい子♡」

2006

ALBUM

モーニング娘。7th ALBUM

『レインボー7』

2006年2月15日発売

「このジャケット、すごく覚えてる！『ティファニーで朝食を』のオードリー・ヘップバーンになったつもりでみんなで撮影したんですよね。さゆ（道重さゆみ）、顔ちっちゃ（笑）！『パープルウインド』や『INDIGO BLUE LOVE』が好きでしたね。私は歌ってないけど（笑）。今思うと、タイトルはレインボーなのになんで衣装は白黒なんだろう！」

DVD

モーニング娘。DVD

『モーニング娘。コンサートツアー2006秋 ～踊れ！モーニングカレー～』

2006年12月27日発売

「楽しかったけど、体力的にきつかったツアーです。このときだけじゃなく、いつもきついけど（笑）。そして同期が抜けたことで、今一度気合いを入れようと思ったタイミング。振り返ると、気合いを入れ直してばっかりですね（笑）。でも卒業・加入を繰り返して、新しいパワーが生まれたり、だらける暇がないのがモーニング娘。のいいところなんですよね」

SINGLE

モーニング娘。31st SINGLE

『歩いてる』

2006年11月8日発売

「ここまでの流れを見ると、8人ってすごく少なく感じる！ この曲はつんく♂さんもシャ乱Qさんでカバーしていて、大事にしている曲なんだなと思ったし、久しぶりにオリコンで1位を獲れたこともすごく嬉しかったです。吉澤さん率いるモーニングが定着してきた頃で、無理をしていない、私たちらしい曲だなと思いますし大好きです」

DVD

モーニング娘。DVD

『モーニング娘。コンサートツアー2006春 ～レインボーセブン～』

2006年7月19日発売

「セットリストを見ると、よくやったな～と思いますね。曲数は多いし、めっちゃ激しいし。モーニング娘。ってすごい（笑）！『青空がいつまでも続くような未来であれ!』が中盤にあるのが面白いな。だんだん本編の最後とかアンコール曲になって、ハロー！プロジェクトでも歌うようになるんですよね。実はめちゃくちゃキツい曲なんですよ（笑）」

SINGLE

モーニング娘。30th SINGLE

『Ambitious! 野心的でいいじゃん』

2006年6月21日発売

「久しぶりに夏先生の振り付けだったんですよね。れいなが褒められていたのがすごく印象的で、私たちも頑張らなきゃって、みんなでキュッと気が引き締まった思い出があります。そして麻琴とこんこん（紺野あさ美）にとってラストの曲だったから、4人揃ってモーニング娘。でいられるのは最後だし、特に5期は気合いが入っていたと思います」

DVD

モーニング娘。DVD

『モーニング娘。コンサートツアー2007春 ～SEXY 8 ビート～』

2007年7月4日発売

「このツアーで足を怪我したんですよね。それが昼公演だったんですけど、病院から戻ってきたときに楽屋に歌詞カードが貼られていたんです。私のパートをメンバーがカバーしてくれていて、迷惑かけちゃったことが悔しかったから、夜公演の途中から座って参加させてもらいました。吉澤さんのラストツアーだったから、余計に悔しかったです」

SINGLE

モーニング娘。33rd SINGLE

『悲しみトワイライト』

2007年4月25日発売

「もう、"吉澤さん"っていう曲ですよね。一緒にパフォーマンスしているんですけど、カッコよすぎて惚れちゃうなと思っていました。このMV撮影の日に小春が体調不良でいなかったので、後日、小春とフォーメーションで近くにいるメンバーで撮影をしたんですけど、全員が揃わなくても、技術でそういうこともできるんだなと思いました（笑）。すごい！」

ALBUM

モーニング娘。8th ALBUM

『SEXY 8 BEAT』

2007年3月21日発売

「愛佳と（亀井）絵里の『春 ビューティフル エブリデイ』はメンバーみんな大好きなんです。『シャニムニ パラダイス』は足の振り付けが難しかったので、みんなで『どういうこと!?』って言ってた（笑）。この頃にジュンジュン・リンリンが入るんですよね。当時はリンリンは要領がよくて、ジュンジュンはすぐテンパっちゃう子だな～という印象でした」

2007

SINGLE

モーニング娘。32nd SINGLE

『笑顔YESヌード』

2007年2月14日発売

「（光井）愛佳がかわいくてしょうがない！ 歌詞の意味とか絶対にわかっていないじゃないですか。わかっている表情じゃないもん（笑）。あのときならではの愛佳にしか出せない独特な表情があるんですよね。当時は小春と同い年でひとり加入で、葛藤があったんじゃないかって小春が言ってました（笑）。小春も意識していたんだと思うんですけどね」

◀2008

SINGLE

High-King SINGLE

『C\C（シンデレラ\コンプレックス）』

2008年6月11日発売

「もともとは『シンデレラ the ミュージカル』の応援ソングなんですけど、それよりも曲の力が強くて、ひとり歩きしているのがすごいですよね。（前田）憂佳ちゃんが本当に子どもで、みんながカッコよく歌う中であの無垢でまっすぐな声がすごく癒やしでした。『あぁ！』のときの（鈴木）愛理みたいな、そのまっすぐさは心に刺さるなと思いますね」

DVD

モーニング娘。DVD

『モーニング娘。コンサートツアー2007 秋 ～ボン キュッ! ボン キュッ! BOMB～』

2008年2月14日発売

「このツアーから私がMCで『〇〇にお越しのみなさん』っていう最初の挨拶をしなきゃいけなくて、会場名なんだっけ!? なんてことがありました（笑）。今までは自分のことばっかりでわかっていなかったけど、リーダーって本当にいろんなことをやるんですよね。それが一気に押し寄せたツアーで、改めて先輩たちを尊敬したタイミングでもあります」

SINGLE

モーニング娘。35th SINGLE

『みかん』

2007年11月21日発売

「最初はマイナーな曲調で、イントロも違ったんですよ。でも今のハッピーでメジャーな音のほうがみんなに愛されてるから、さすがつんく♂さんだなと。この年末が『NHK紅白歌合戦』に出た最後の年で、AKB48について聞かれたので、話したら"ライバル宣言"とニュースに。書き方ひとつで受け取られ方が変わるんだなと学びました」

SINGLE

モーニング娘。34th SINGLE

『女に 幸あれ』

2007年7月25日発売

「ダンスレッスンではまだ美貴ちゃんの声が入ったバージョンの曲を使っていたし、突然の脱退だったので実感がなくて。複雑な思いはあったけど、モーニング娘。らしいカッコよさや強さが出ている、いろんな意味で思い出の曲。リーダーになって最初のシングルだ！と思う余裕はなかったけど、気合いを入れるために髪を切った気がします」

SINGLE

モーニング娘。37th SINGLE

『ペッパー警部』

2008年9月24日発売

「ドラマ（高橋と新垣が出演した『ヒットメーカー阿久悠物語』）の流れがあってのリリースで、もとの振り付けをアップデートさせていただいているんですけど、モーニング娘。っぽいリズムにも苦戦したし、2人ずつで見せていくフォーメーションの入れ替わりも面白かった。カバーしたことで、改めてピンク・レディーさんはすごいなと思いましたね」

DVD

モーニング娘。DVD

『モーニング娘。コンサートツアー 2008春 ～シングル大全集!! ～』

2008年7月30日発売

「このツアーでなっちゃん先生（コレオグラファーの木下菜津子）に初めて出会いました。すごくパンチのある方で、愛情があって、なっちゃんと出会えたことも私の人生の宝物です。モーニング娘。の曲って素敵だなと改めて思いつつ、曲数も多かったし、シングルって振り付けがしっかりついているから、とにかく体力を使った記憶があります」

SINGLE

モーニング娘。36th SINGLE **『リゾナント ブルー』**

2008年4月16日発売

「私たちは好きだったけど、ポップな曲調ではないし、ここまで愛されるとは正直思ってなかったです。つんく♂さんが投げてくれた課題を越えられてるかはわからないけど、認めてはもらえたのかなと思いましたね。間奏のファンの方のコールは、よく考えたね！と思います（笑）。誰が決めたんだろう？ この時期は特にみんなと一緒にコンサートを作っていたんだなという印象があって。新曲を初披露しても2番になるとみんな踊れているから、早くない!? とちょっと嫉妬しちゃいました（笑）」

ALBUM

モーニング娘。9th ALBUM **『プラチナ 9 DISC』**

2009年3月18日発売

「まさか"プラチナ期"と言われるとは思ってなかったけど、この時期を象徴するめちゃくちゃカッコいいアルバムですよね。『Take off is now!』と『情熱のキスを一つ』を同じメンバーで歌っているので、当時は2曲もいいの!? と思ってた（笑）。この頃は（亀井）絵里とパフォーマンスについてよく話していました。自分の映像を見るタイプじゃなかったけど、毎公演引き映像をもらって、ちょっとした動きも直して。盗めるものはないかなとBIGBANGやBoAちゃんとか他のアーティストの映像でよく研究していました」

SINGLE

モーニング娘。38th SINGLE

『泣いちゃうかも』

2009年2月18日発売

「この曲は歌詞に出てくる"マリコ"ちゃんになりきってMVを撮影していたら、リップシーンの撮影中に自然と涙が出てきたんです。それが正解というわけではないですけど、そういう感情になれたのは、その頃にドラマ『Q.E.D. 証明終了』を撮っていて、演技の勉強ができたからなのかなと思います。よかったらMVを観てみてください！」

◀2009

DVD

モーニング娘。DVD

『モーニング娘。コンサートツアー2008秋 ～リゾナント LIVE ～』

2009年1月28日発売

「『リゾナント ブルー』がタイトルになっちゃってる（笑）。『恋のダイヤル6700』でリンリンが『リンリンリリン』って歌っていたのがすごく印象的。ちっちゃい体で本当になんでも歌いこなすんですよね。このツアーはアジアでのライブをやったあとだったので、海外にも応援してくれる人がいるからこそ、今頑張ろうという自信を持てていたと思います」

SINGLE

モーニング娘。41st SINGLE 『気まぐれプリンセス』

2009年10月28日発売

「カッコいいけど面白さもあって、久々にこう来たか！と思いました。この頃からリリース日のあたりでイベントをやり始めるんですよね。握手会で『この曲すごく好きなんです』『(新宿) 2丁目ですごく人気だよ』と教えてもらって、それがすごく嬉しかったことを覚えています。そうやってファンの方の感想を聞ける機会が増えたのは、楽しかったです。この曲の衣装、実はおしりの部分に穴が開いているんですよ。思ったより穴が大きくなかったので、あんまり気づかれていないんですけどね(笑)」

SINGLE

モーニング娘。40th SINGLE

『なんちゃって恋愛』

2009年8月12日発売

「イントロでリンリンがパタパタッて走っていたイメージがある(笑)。この曲の女の子はそういう走り方しないよってって言った気がします。でもそんなリンリンがとてもかわいいので、ぜひイントロに注目してみてください(笑)。振り付けがとてもシンプルだからこそ、表現が難しかったです。ジャズダンスっぽい振りが入っていたのは嬉しかった！」

SINGLE

モーニング娘。39th SINGLE

『しょうがない 夢追い人』

2009年5月13日発売

「この曲では久しぶりにオリコン1位を獲れたんですよね。ジュンジュンとリンリンが『私たちも認めてもらえました』と泣きながら喜んでいて。私はずっと認めてるよ！と思ったけど、2人にはとても大きなことだったんだと思います。ジャケットにすごくこだわっていて、レスリー・キーさんに撮影していただいて。今も大好きなジャケットですね」

DVD

モーニング娘。DVD

『モーニング娘。コンサートツアー2009秋

〜ナインスマイル〜』

2010年2月24日発売

「小春はすごく不思議な子で、笑顔で前向きに卒業した！って感じ。涙、涙のコンサートじゃなかったのが小春っぽいですよね。ただ私にとっては後輩だったので、『まだ早くない？』『送ってもらいたかったな』とは思っていました。でも私が止める理由はないし、小春が卒業後の新たな進路を切り開いてくれたなとも思っています」

2010

SINGLE

モーニング娘。42nd SINGLE 『女が目立って なぜイケナイ』

2010年2月10日発売

「歌詞のストーリーがしっかりしているし、MVではメイクをするシーンがあったり、ランウェイをウォーキングしてメンバーとハイタッチしたり、強い女の子が描かれている曲だなと思います。私がいた頃のモーニングはパフォーマンスのことは話していたけど、楽曲についてメンバーと話すことは少なくて。レコーディングもバラバラだったし、取材で話しているのを聞いてこの子はこう思ったんだとわかったり、つんく♂さんのライナーノーツを読んだり、あとから知ることって多いんですよね」

DVD

モーニング娘。DVD

『モーニング娘。コンサートツアー2009春

〜プラチナ 9 DISCO〜』

2009年7月15日発売

「ある公演で『SONGS』の冒頭で大の字でコケて、そこから『生きるのが下手』って歌うんですけど、そのときは自分で『お前のことだよ！』と思いました(笑)。このツアーは結構ハプニングがあった気がするな。そういうときって意外と冷静で、衣装トラブルで袖にハケたとしてもどこから出ればナチュラルか、すぐに判断できるんです。自分でも不思議です」

SINGLE

むてん娘。(モーニング娘。) SINGLE

『あっぱれ回転ずし！』

2010年10月27日発売

「このタイアップが決まってから、品川にあるくら寿司に行ったんですよね。福井ではよく回転ずしに行っていたけど、東京ではあんまり行く機会がなかったから、久しぶりにめちゃめちゃ楽しかった記憶があります(笑)。あ、歌い出しが私だったんだ！ びっくり(笑)。振り付けがコミカルで面白いけど、めちゃくちゃカッコいい曲です」

DVD

モーニング娘。DVD

『モーニング娘。コンサートツアー2010 春

〜ピカッピカッ！〜』

2010年7月14日発売

「『Moonlight night〜月夜の晩だよ〜』で始まるライブですね。ガキさんとの『あの日に戻りたい』では傘を持つからヘッドセットでのパフォーマンスで、もどかしかった気がする(笑)。そしてガキさんがうまいから勝手にプレッシャーを感じていました(笑)。私は自分の中でしっくりくるパフォーマンスを見つけるまでに時間がかかるんですよね」

SINGLE

モーニング娘。43rd SINGLE

『青春コレクション』

2010年6月9日発売

「この曲はパンチをくらったみたいにびっくりしました。それまでが悲しみや苦しさとか、グッと感情を入れないと歌えない曲が続いていたから、青空の下でハッピーに歌えるのはある意味新鮮で。MV撮影では何も考えず楽しんでいたと思います(笑)。でもリズムが細かいんですよ！ 手振りはシンプルだけど、実は足でリズムを取り続けているんです」

ALBUM

モーニング娘。10th ALBUM

『⑩ MY ME』

2010年3月17日発売

「ガキさんとのユニット曲『あの日に戻りたい』は、出来上がったときにガキさんはこういう歌い方をするのか！と発見がありました。つんく♂さんが作ってくれた曲をそれぞれで解釈して、それがひとつの曲になるから、化学反応が生まれたりして。私はそんな、まとまっているのに、まとまりすぎていないところもモーニング娘。の面白さだと思うんですよね」

2011

DVD

モーニング娘。DVD

『モーニング娘。コンサートツアー2010秋 ～ライバル サバイバル～』

2011年2月23日発売

「久しぶりの横アリは嬉しいというより、やってやるぞ！っていう戦闘態勢でした。ライブのあとは放心状態で、本当に3人が辞めたんだねという感じ。その後にごはんを食べながらビデオ鑑賞会をしたんですよ。思いっきり泣いたあとだったから切ない思いはあったけど、それを通り越して『この表情ウケる！』とか、みんなで笑い合っていましたね」

ALBUM

モーニング娘。11th ALBUM

『Fantasy！ 拾壱』

2010年12月1日発売

「ソロ曲の『電話でね』は大人だけどとてもかわいくて、24歳の私だから歌えたのかなとも思います。新しい自分に出会えた曲ですね。お正月のハロコンで5人でこのアルバム曲を披露したときは、見た目的にはボリュームが減っているけど、パワーや勢いがなくなったとは思われたくなかったから、それぞれに気合いが入っていたと思います」

SINGLE

モーニング娘。44th SINGLE

『女と男のララバイゲーム』

2010年11月17日発売

「私が歌う『だ～～～けど』での演出は、つんく♂さんから言われて始まったんです。最初はよくわかってなかったけど、やってみたら面白くて。マニピュレーターさんやメンバーとの駆け引きが毎回楽しいし、みなさんが盛り上がってくれるからめちゃ気持ちよかったです。きっとつんく♂さんはそうなることがわかっていたんだと思います。すごいですよね」

高橋 愛
卒業記念盤

SINGLE

モーニング娘。47th SINGLE

『この地球の平和を本気で願ってるんだよ！』

2011年9月14日発売

「この曲は歌っていくうちにどんどん好きになって、ずっと一緒にいるわけじゃないけど、つんく♂さんは見てくれているんだなぁと感じました。卒業のことを相談したときに『このタイミングじゃなくてもいいんじゃない？』と言われたんですけど、自分で決めて。『自信持って 夢を持って 飛び立つから』はそれを汲んで書いてくださって、すごく嬉しかった。ひとりで中居（正広）さんの番組（『カミスン！』）に出て、生で歌ったのは緊張しましたね。あと、よく歌詞を間違えた気がする（笑）」

SINGLE

モーニング娘。46th SINGLE

『Only you』

2011年6月15日発売

「鞘師（里保）が持っている、かわいらしいけど芯の強い女の子という新しい魅力を見せられた曲。舞台『ファッショナブル』で共演した時は感情を出さない子だなという印象だったから、オーディションを受けてきたと聞いて『モーニング娘。を好きでいてくれたんだ』とホッとしたんです。それに大人の期待も感じたから、いい意味で警戒していました（笑）」

SINGLE

モーニング娘。45th SINGLE

『まじですかスカ！』

2011年4月6日発売

「この曲をもらったときは『そうだ、モーニング娘。ってこうだよね！』って思いました。『青春コレクション』は大人の私たちが歌うハッピーな楽曲だったけど、この曲は9期ありきなんですよ。4人が加入してくれたことで新しい魅力も生まれたし、改めてモーニング娘。の面白さにも気づけたから、本当にありがとう！と思っていましたね」

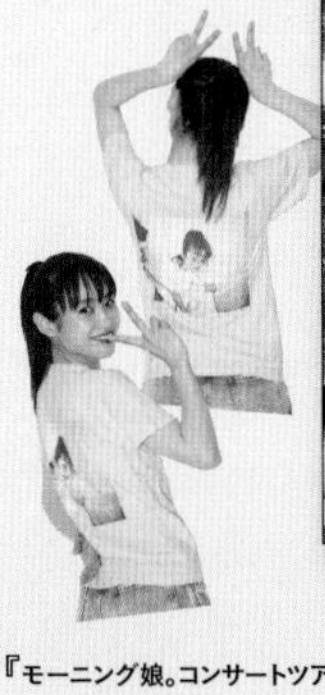

あしたを
こっちのペースに
巻き込むのさ

DVD

モーニング娘。DVD

『モーニング娘。コンサートツアー2011秋 愛 BELIEVE ～高橋愛 卒業記念スペシャル～』

2011年12月28日発売

「冒頭の『Mr.Moonlight～』はひとりで男役をやったから忙しかった（笑）。入ったときは娘役だったけど、卒業するときに男役になれたのはトップスターになれたみたいで嬉しかった。こんこんと麻琴が来てくれて4人揃ったときは、モーニング娘。を背負ったリーダーとか先輩というよりも、同期といるから見せられた表情があったのかなと思いますね」

ALBUM

モーニング娘。12th ALBUM

『12, スマート』

2011年10月12日発売

「『Give me 愛』はタイトルに"愛"って入っているからか、よく『愛ちゃんのイメージ』って言われるんですよね。私もこの曲はすごく好きで、カッコいいだけじゃなくて、熱さがあるのがいいんですよね。『どこを探したって 居ないよ AH』の『AH』だけで持っていくというか、それだけで思いを伝える面白さは、ちょっと宝塚に似ていると思うんです」

DVD

モーニング娘。DVD

『モーニング娘。コンサートツアー2011春 新創世記 ファンタジーDX ～9期メンを迎えて～』

2011年7月27日発売

「『Moonlight night～』はもともとのパフォーマンスより、この3人での振り付けで踊ってくれる後輩が多いんですよね。私たちが育てたというより、勝手に育った感じ。鞘師は笑っちゃうくらいうまいし、ガキさんも覚えるのが早いから、私だけ置いていかれて、久しぶりのミニモニ。現象（笑）。でも精神的には成長したから、やるしかない！と頑張りました」

A – AI TAKAHASHI
M – MIZUKI FUKUMURA

AS A LEADER

DIALOGUE WITH MIZUKI FUKUMURA

LEADER OF MORNING MUSUME。'21

——おふたりは連絡はよく取るんですか？

A 結構取っているほうだと思います。フクちゃんがすごく律儀に、いつも連絡をくれるんです。それで今のモーニングの状況がわかるし、私がリーダーだったときにはできてなかったなって、もうグサグサ刺さる（笑）。

——それはOGのみなさんに連絡しているんですか？

M リーダーのみなさんと、一緒に活動していた先輩方ですね。私がリーダーになったタイミングで、藤本美貴さんはまったく関わりがなかったのですが、お手紙を書かせてもらって、そこに「よかったらご連絡ください」ってLINEのIDを書きました（笑）。そしたら連絡をくださって。

A 美貴ちゃんだから来なかったのかなと思った（笑）。

M でも、あの、私の公式LINEみたいな感じになっていて（笑）。ご連絡だけさせていただいて……（笑）。

A 返ってこないの？（笑）

M あの……最初のほうは返ってきたんですけど、一応お伝えしたいなと思って（笑）。

A 見てはいるよ、絶対！ でも美貴ちゃんらしい（笑）。

——公式LINEっていうたとえが最高ですね（笑）。

A いい！ 誰も傷つかない（笑）。

——最近だと、6月のライブ（主にハロー！プロジェクトOGが所属するM-line clubのライブ公演『M-line Special 2021～Make a Wish!～』）**で久しぶりに一緒のステージに立っていましたよね。**

M 私にとっては一緒に活動していた先輩が3人もいらしたので、「頑張らなきゃ」とか「成長したところを見せたい」っていう気持ちと、もうただただ嬉しい気持ちが両方ありました。

A そうだったんだ！ かわいい。

M やっぱり先輩のパワーが違うというか、なんて言うんだろう、〝本家〟という感じが強かったというか。

A いやいや、あなたが本家だから（笑）。

M 『シャボン玉』だと「田中（れいな）さんってあそこで絶対しゃがむよね」というところがあって、でも今のモーニングだと「全体のバランスを取ってしゃがもう」みたいな感じなんです。ちょっとの違いでも、ステージに立っていると「うわあ、かっこいい～……！」って思って。だからパフォーマンス中も『シャボン玉』のMVで水の上で踊るシーンを思い出していました。

A 私はもう、フクちゃんの声が大好きで。KANさんの『エキストラ』という曲をカバーしていたけど、あの曲をあんなふうに歌い上げられるのはすごいなぁって。それがモーニングでは出ない空気感なので、「この曲をフクちゃんに与えた人はすごいな、見えてるな」と思いながら観てた。フクちゃんが歌うと浄化されるんだよね（笑）。あ、あとは『セクシーキャット（の演説）』に入りたかったなぁって（笑）。

M あ～やりたい！

A 「私も入れて！ 後ろでもいいから！」って思いながら見てた（笑）。でもあれは3人（田中れいな、道重さゆみ、譜久村 聖でパフォーマンス）でよかったと思う（笑）。

——高橋さんが入ったパフォーマンスもぜひ見たいです（笑）。譜久村さんはモーニング娘。加入前、ハロプロエッグに所属していましたが、その頃のことはお互いに覚えていますか？

A よく絡んでいたわけではなかったけど、エッグの譜久村 聖がモーニングに加入するってわかったときは嬉しくて泣きました。エッグからグループに昇格することがそれまであんまりなかったんだよね。みんなが頑張っていたのは知っていたし、その先があるっていうことを最初に見せてくれたのがフクちゃんだったから「よかったね～！」って。挨拶ぐらいしかしたことはなかったけど、急に親心が芽生えたというか、エッグのみんなの頑張りが実ることがすごく嬉しかった思い出があります。

M 加入したのが1月2日なんですけど、その3日ぐらい前にバッサリ髪の毛を切ったんですよ。それに高橋さんが気づいてくれて「髪切った～？」って言ってくれたのがすごく嬉しくて。メンバーさんと喋れることがなかったから、「私のこと知ってるんだ！」みたいな感覚で。

A そんなこと言ってた？（笑）

M 当時、私はモーニング娘。のオーディションに落選して、『ライバルサバイバル』のライブを観させていただいたときに、「このグループに入れなかったんだな」と改めて思って、すごく落ち込んでいた時期だったので、そのひと言がすごく嬉しくて、頑張ろうって思えたんです。

A それで入ったからすごいよね。

M 声をかけていただいた日にモーニング娘。になりました（笑）。

A 加入してからは、フクちゃんが一番複雑だろうなと思ってた。エッグとして活動してきたけど、他の3人は違うわけで。新メンバーの中でもちょっと特別になっちゃうし、それまで覚えてきたものと全然違うことをやらなきゃいけない葛藤はあったと思うんです。しかも4人の中で年上だったから注意されることも多かったと思うし。自分も（5期メンバーの）4人の中で一番年上で、変な責任感があったから、重ねちゃうところがあったというか。

M 私はデビューしたいという目標はありながらも、モーニング娘。に入れるとはまったく思っていなくて。だから「そんな現実があるんだ！」みたいな気持ちでした。モーニング娘。になった実感が湧いたのが先輩方と一緒にライブをしているときなんですけど、最初に先輩たちと一緒にやったことがダブルダッチだったんですよ。だから「最初にやるのがダブルダッチ？」みたいな（笑）。

A 全然覚えてないんだけど！　私いた？

M いました（笑）。そのときのイベント（『モーニング娘。FCイベント2011.2～Morning Labo! Ⅱ』）は披露する曲が『友（とも）』だけで、あとはダブルダッチとパントマイムのメンバーに分かれて。「モーニング娘。になるとこんなこともできるんだ～」って思いました。

A いろんなことやるよね。

M はい（笑）。でもそういう遊びみたいなことでもカッコよくできる先輩たち、すごいなと思って。

親心が出てきちゃって、9期の成長した姿を見ると泣いちゃう（AI）

——一緒に活動していた中で印象的なことはありますか？

A 加入したときはもう、9期をずっと怒っていたかも。怒るっていうか、私が焦っていたんですよね。卒業までに9期に何かを伝えなきゃって、頭の中がそれだけになっちゃって。だからひとりずつ呼んで、1対1で喋ったりしていました。9期にすごく怒ったときに、私が泣いちゃったことがあって（笑）。「モーニング娘。はこうだからぁ（涙）……」みたいな感じで泣き始めるから、「大丈夫かな、この先輩……」って思ってる9期の目をすごく覚えてる（笑）。

M そのときは高橋さんを泣かせてしまった罪悪感がすごかったです。

A そうなんだ！　私は「なんでこういうときに泣くんだ」と思って、自分にムカついてた（笑）。

M あの頃は先輩方が先にリハーサルに入っていて、学校がある私たちはできていないのに、あとから入るっていう状況が申し訳なくて、つらすぎて。あとは覚えてきたのに空回りしてわかんなくなって、また怒られちゃうかもっていう心配もありました。でも褒めてもらえたこともすごく覚えていて、『女と男のララバイゲーム』では先輩方が9期1人ずつについて振りを教えてくださったんです。

A そうだったっけ？

M そうなんです。私は田中れいなさんに教えていただいたんですけど、覚えていったらすごく褒めてもらえたんです。

——経験にも年齢にも差がある中で、どうやって距離を縮めていったのでしょうか。

A 差っていうのは考えてなかったんですけど、中間管理職の（光井）愛佳が9期の教育係で、あいだをとってくれていたのかもしれない。

M 光井さんはすごく厳しかったけど、それが愛情だとわかっていましたし、休日は一緒にパンケーキを食べに行ったり、プリクラを撮りに行ったりして。高橋さんも、お会いしてすぐの時に一緒に帰ることがあって「連絡先交換しようよ」とか「愛ちゃんって呼んで～！」と言ってくださって。

A 言ってた言ってた。全然呼んでくれないけど。

M いや、ちょっと難しいです……（笑）。あと道重（さゆみ）さんは「りほりほ（鞘師里保）かわいい！」ってたくさん話しかけてくださったり、休憩時間に一緒に遊んでくれたり。

A そうだ、好きだったよね（笑）。

——では高橋さんは9期のことをどう見ていましたか？

A ほっとけなかったんですよね。そもそもおせっかいだけど、それまでは「私が何かやってあげなきゃ」という気持ちはなかったはずなのに、9期にはそれが出てきちゃって。4人とごはんに行くこともあったし、ひとりひとりとも話して、ズッキ（鈴木香音）を泣かせちゃったこともあるし（笑）。あの子、なんか抱えちゃうんですよね。親心が出てきちゃって、卒業したあとも9期の成長している姿を見ると泣いちゃう。今一番上の期になったこともすごく嬉しいというか、誇らしくて。

一緒にはいなくても常に私の中には先輩方がいる（MIZUKI）

——他の後輩とは違いますか？

A まったく違うかも。9期じゃない現役の子たちはファンとして見ちゃうし、8期までは後輩っていうより仲間みたいな感じ。でも9期に関しては〝子ども〟みたいな。自分が卒業を決めたあとに入ってきた子たちだから、何かを伝えたい！　みたいな変な責任感があったんです。つんく♂さんからしたら「高橋がやることじゃないよ」っていう感じだと思いますけど（笑）。なんか特別なんですよね。特別だって言える。

——愛が大きいですね。

A 重いと思いますよ（笑）。

M いや嬉しいです（笑）。私にとっても育ての親みたいな存在で。

A そんな感覚だよね（笑）。

M 当時高橋さんが伝えようとしてくれたことを自分なりに学ぼうと思っていたんですけど、そのときの自分は理解するには全然足りていなくて。私がリーダーになる前に、高橋さん、新垣（里沙）さん、道重さんがしてくださったことを1から思い出したことがあって、「道重さんはあそこで不安を感じてたんだな」とか「新垣さんがあのとき話しかけてくれたのは、こう伝えたかったんだな」とか、覚えていることはしっかり伝えていこうと思ったんです。一緒に活動はしていなくても、先輩方が常に私の中にいるというか。先輩方がしてくれたことを思い出しながら、自分らしいリーダーをやりたいなと思いながら活動しています。

——一緒に活動していたときと高橋さん卒業後で、関係は変わりましたか？

A 変わってないかも。変わったとしたら、今は友だちみたいになった。そう思っているのは私だけかもしれないけど（笑）。

M さすがに友だちとは……先輩だから（笑）。でも一緒に活動していたときに話せなかったことも、今は話せるようになりました。

A フクちゃんがリーダーになったときはちょっと不安だったの。自分のことを「聖ね」って言っているし、「大丈夫かな？　引っ張っていけるのかな？」とか「リーダーじゃないほうがのびのびできるんじゃないか」と思ったけど、どんどんどんどん成長して。さゆ（道重さゆみ）がリーダーだったのもよかったんだろうなって。さゆが引っ張っ

譜久村 聖〇1996年、東京都生まれ。モーニング娘。9期メンバーとして2011年に加入。現在、モーニング娘。'21及びハロー！プロジェクトのリーダーを兼任する。

リーダーとしてというより 〝譜久村 聖〟としての 人間力が上がっている（AI）

ている姿を見て、いいところを受け継いでる。びっくりしたのは、のんつぁん（辻希美）とさゆと（田中）れいなと私で、ライブにゲスト出演したとき（2017年11月21日開催『モーニング娘。誕生20周年記念コンサートツアー2017秋～We are MORNING MUSUME。～』武道館公演）の本番前にMCのことでフクちゃんが「モーニングのよさは伝え方ひとつで変わります」って話していたんです。ひとつの意見としてそれを導き出していたから、「すごい！」と思って。どんどん送ってくれるLINEの文章も変わってきているから、「この人はどこまで行くんだろう？」って見ていて面白い。リーダーとしてっていうよりも、〝譜久村 聖〟としての人間力が上がっているなと思います。

——ちなみに、譜久村さん以外の9期メンバーともよく連絡は取るんですか？

A 生田（衣梨奈）以外とは（笑）。9期と集まるときは呼ぶけど、生田はガキさん（新垣里沙）がいれば大丈夫でしょみたいな。「違いますよ！」って言うけど、絶対ガキさんなんですよ。それが悔しいとかじゃなくて、面白いと思って言っているんですけどね（笑）。

M 親子みたいな感じですよね（笑）。

A そうそうそう（笑）。何かあっても、私の言葉じゃないほうがいいだろうなって思う。

——生田さんは新垣さんのファンクラブバスツアーにも参加していましたしね。

A ヤバいですよね！ 誰もやったことのないことをやるのはいいことなんですけど「そんな子いるんだ！」と思って（笑）。だからフクちゃんは大変だと思いますよ（笑）。まあ、それが生田えり……えりな？ えりか？（笑）

M 衣梨奈（笑）。

A 生田衣梨奈ね！ いつも「えりは～」っていうから（笑）。

M えりぽんへのいじりがなくなったのが私は寂しくて。今は一番先輩だから、なかなかそういう感じにならないじゃないですか。あの先輩との絡み方って新しかったっていうか、絶対えりぽんにしかできないことだったから。

A でも生田って9期4人で集まると大人ぶるじゃん。いきなりなんか年上感を出すっていうか。

M 〝ぶってる〟部分はあります（笑）。

A あるよね～！ 絶対。そうじゃないでしょうっていう（笑）。

——鞘師さん、鈴木さんとはよく連絡を取るんですか？

A 鞘師とはLINEをしたり、家に泊まりに来てくれたり、よく話しますね。鈴木とはこの前、鞘師を含めてLINE電話をしました！ そこにあべさんも入ってくれて人生相談にのったり。ふくちゃんと鞘師とで、ごはんにも行ったよね！ そこにも私があべさんを呼んで（笑）。9期とは家族ぐるみで仲よくさせてもらっていますね。ただ、生田とあべさんが話しているところを見たことがないので、今度家に呼びたいと思います。絶対面白いと思う！

M 面白そう（笑）。

A まーちゃん（佐藤優樹）とも会わせたいけどね、会話にならないと思う。久住（小春）がうちに来たとき、同じことばっかり言うから「俺が言うことはない」って途中であべさん寝ていたから（笑）。

——高橋さんはモーニング娘。を卒業して10年、譜久村さんはモーニング娘。に加入して10年になりますが、今のモーニング娘。'21はどう見ていますか？

M ライブが全然できていないのがちょっと痛いところではあるんですけど、常にパフォーマンスは向上しているし、後輩メンバーも先輩に意見をぶつけてくれるんですよ。コロナで中止になったツアーがあるんですけど、完成度も高めていて自信があったので、ぶつけたかったなという気持ちはすっごくありますね。それに、ここまで長く同じメンバーでいられることがなかったので、チームワークはすごくよくなっていると思います。

——15期が加入してから、もう2年が経ちましたもんね。

M 15期もだいぶ大人になって、最年少の2人に関しては背がぐんぐん伸びていて。

A すごかった。この本の撮影で私が真ん中に入ったら、ちんちくりんだった（笑）。

M 岡村ほまれちゃんは私よりも大きくて。最近は「見ないあいだに身長伸びたね」って感覚になるので、やっぱ若い子の成長は早いなぁって（笑）。

A あなたも若かった時期があったよ（笑）。

M 9期10期ってすごく負けず嫌いだし、そういう変化に敏感なので、15期に負けじと頑張ろうみたいな気持ちもあって。いい感じにモーニング娘。のちょっと頑固な部分みたいなところも残しながら、前に進めているのかなと思います。

——加入当時のことを考えると、9期は譜久村さんと生田さん、10期は石田亜佑美さんと佐藤さんが残ったのは意外ですよね。

M 面白いですよね（笑）。私たちも想像できなかったです。今までだったら9期対10期になる部分がたくさんあったのに、今は11期の小田（さくら）含め、私たち5人がしっかり先頭に立っていこうねっていう気持ちでいられているのかなぁと思います。

A 去年ソロでカバーするライブ（ハロー！プロジェクトメンバーがソロでJ-POP曲をカバーしたライブ公演『Hello! Project 2020 Summer COVERS ～The Ballad～』）があったじゃん。1曲をひとりで武道館で歌うってすごく度胸がいると思うんですよ。そういう今までできなかったことができて、ひとりひとりのレベルが上がったはずなんですよね。その分グループのレベルも上がるし、コンサートができることのありがたさを改めて感じて立つと思うんで、それが楽しみで仕方ないですね。今、2019年の15期が入ったときのライブ（『モーニング娘。'19コンサートツアー秋～KOKORO &

KARADA～』）をよく見ているんだけどさ、やっぱめっちゃカッコいいんですよね。それからさらにカッコよくなっていると思うから、楽しみで仕方がないです。それに、今の静かに聴いてくれる形もいいけど、お客さんの声を聞いてこっちが煽ったり、またそこに返してくれるから、さらにこっちも高揚して……っていう連鎖がコンサートだから、「これだよね～！」と思って観てますよ（笑）。

M 嬉しい～！ 私たちもDVDを今までちゃんと見ていなかったなと思って、自粛中にみんなで見て、自分たちのことを褒める時間があったんです。あとはコンサートの裏側が収録されたDVDマガジンを見て、メンバーが恋しくなったり。この2年で私たちも変われたし、ファンのみなさんも変わったと思うんですよ。手拍子しかできない状況から、今はそれを楽しんでやられているように見えるし、私たちも聞こえない歓声が聞こえるというか（笑）。MCでも、どうしても煽りに頼ってしまう部分ってあるんですよね。

A 確かにね。

M 多分アーティストみんなにとっての一大事だけど、それにも慣れてきて、もしこの状況が続いたとしてもうまくできるんじゃないかなという心の強さは持てた気がします。

——ファンの方の手拍子も進化していますよね。

M すごいですよね。みんなでリズム天国やっているみたいな気分（笑）。

——すごくいいたとえですね（笑）。

A めっちゃ面白いですよね（笑）。フクちゃん、言葉選びが上手なんです。

——おふたりが出会って10年ということは、譜久村さんは高橋さんが卒業したときの年齢になります。ハロプロでは〝25歳定年説〟なんてことも言われていますが、高橋さんはグループから卒業するタイミングをどう考えていましたか？

A 私のときは22歳だった！ みんな22で卒業していくから、「あれ、自分越えちゃった」みたいな（笑）。今は25歳なんだね。私の場合は卒業生がいない時期がしばらくあったから、そろそろかなって思うところはあったんですよね。それで会社の人に話してはいたけど、先に後輩が卒業するっていう（笑）。私はミュージカルをやりたくて、ちょうど帝国劇場のお話が来たからぜひ出たかったし、会社の人からも「タイミングもいいんじゃない」と言われたから、「じゃあそこで卒業させてください」って決まったんです。タイミングは人それぞれかな。でもやりたいことは自分の中だけで考えるんじゃなくて、言っておいたほうがいいのかもしれない。私はどうしてもファッション系の雑誌に出たいと言って、会社の人が動いてくださってこの流れができているし。別にできるかどうかは関係ないんですよね。ただ自分の興味のあることを声に出して発信していく。でもモーニングの子たちはもうできているんですよ。コロナ禍でいろんなことができなくなった状況でも、どう発信するかをひとりひとりが考えていたから、SNSを活用できる時代でよかったなと思いますね。

——今はインスタグラムで個人のアカウントを持てるようになりましたもんね。

A それぞれダンスをやったり、フクちゃんはトレーニング動画を載せてくれたり。すごい見てたよ！

M 嬉しい（笑）！ 私は基本「私にできるはずがない」とか「そんなおこがましいことは言えない」と思っていたし、結構前からハロプロでプロデュースをしたり、何か決める仕事をしてみたいってずっと思っていたけど、誰にも言えなくて。だけどそれを高橋さんが引き出してくれたんです。例えば自分より後輩の（元アンジュルム）勝田里奈ちゃんが、自分のブランドを作っているのもすごくカッコよく見えるんですよね。例えばモデルのお仕事とか、経験のないことでも可能性というか〝ワンチャン〟を信じて（笑）、やりたいことを探そう、伝えようと考えるようになって。「なんでもいいです」じゃ叶えてもらえないけど、やりたいと意思表示をすれば、うちの会社は優しいので（笑）、それを汲んでくれるのを理解できたというか。だから自分の中だけで溜めていちゃいけないんだなというのはここ3～4年で考えられるようになりました。

A なんか安心した。フクちゃんっていつも〝自分が〟っていうよりも〝モーニングとして〟って考えているのかなと思っていたから。

誰にも言えなかったことを 高橋さんが 引き出してくれた（MIZUKI）

M それしかなかったですね。

A でも今、フクちゃんとしての意見が聞けたからすごく嬉しい。

M 常に何かを考えようとすると、他のメンバーのことをつい考えちゃうんですよ。多分それは自分がアイドルが好きで「モーニング娘。としてこうあってほしい」「こうありたい」という気持ちが強すぎるからで。でもこの2年くらいでやっと「自分のことを考えなきゃ」っていう考え方に変えられて、やっとバランスが取れるようになったし（笑）、未来も楽しみになって。

A すごくいいことだと思う。考えてきたことを伸ばすためにも、卒業したとしてもモーニングに関わることをやったほうがいいよ。

M やりたいなって気持ちになれました。私はモーニング娘。になりたかったから、卒業してそのまま終わりたいってずっと思っていたんですけど、それがガラリと変わって、せっかくここで得た知識を生かせないのはもったいないなぁって。

A グループにいた人の言葉ってやっぱり響くと思うんだよね。今のハロプロでのフクちゃんの存在ってかなり大きいし、私がやるのとは絶対に違うから。それにあの子はこうしたほうがいいとか、グループの方向性もすごく見えているし。私は衣装をやるからさ、フクちゃんはプロデュースしてよって話していたんだよね。いつかやりたいね。

M 高橋さんとこういう話をできると、私も大人になったなって思います（笑）。

for AI_ベロアトップス¥6,930、ベスト¥13,200、パンツ¥13,200、つけ襟¥5,280／すべてレイ ビームス（ビームス ウィメン 原宿） for MIZUKI_ブラウス¥49,500、ジャカードパンツ¥48,400／ともにヒュー・デイ・トゥ・イブニング ベスト¥12,100／レイ ビームス、ロングブーツ¥47,300／エネス（ともにビームス ウィメン 原宿） その他／すべて高橋 愛私物

Café Info_ RIVERSIDE CLUB［リバーサイドクラブ］
東京都目黒区青葉台3-18-3 THE WORKS 1F
☎03-6416-4646 Instagram @riversideclub_nakameguro

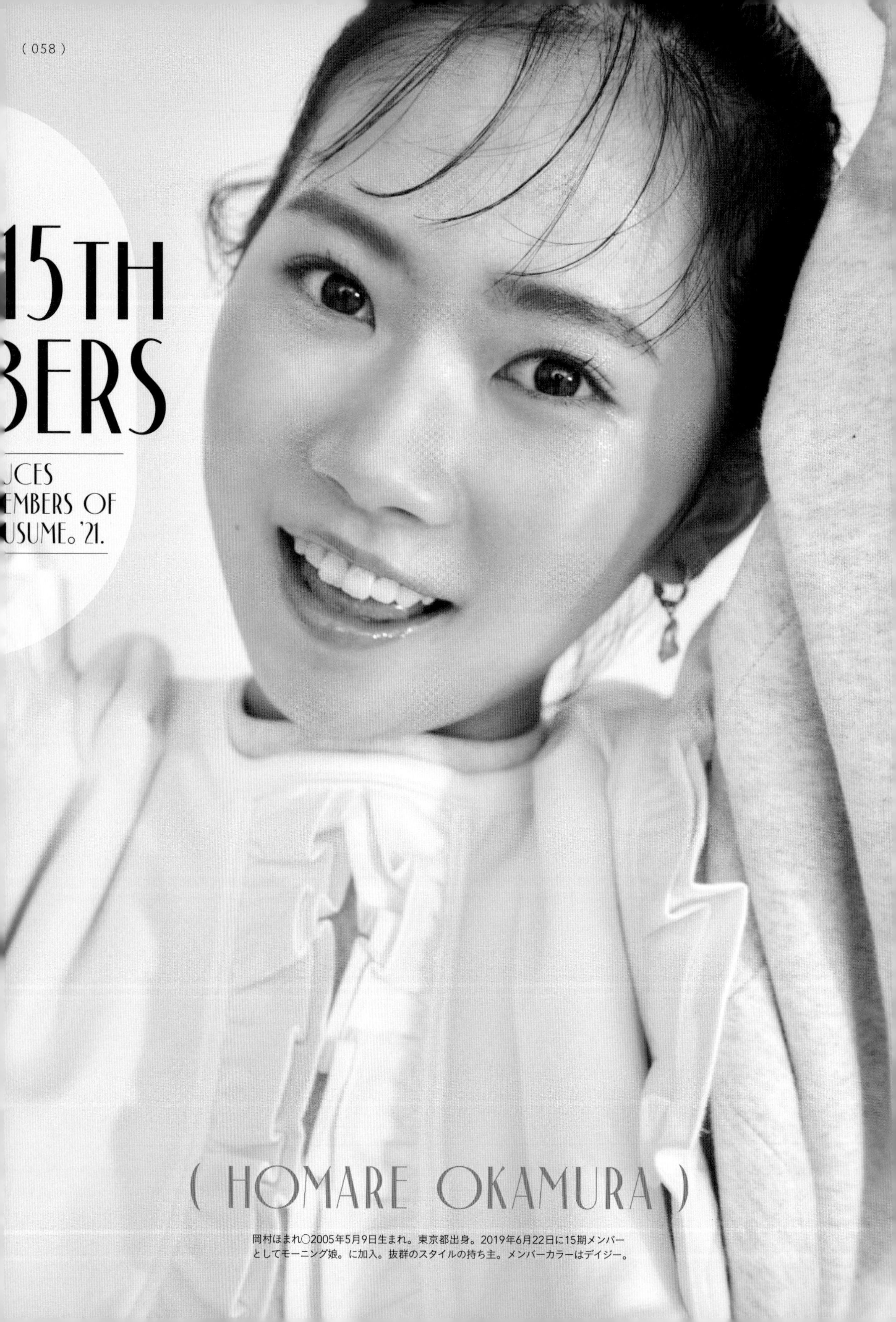

15TH
BERS

JCES
EMBERS OF
USUME。'21.

(HOMARE OKAMURA)

岡村ほまれ○2005年5月9日生まれ。東京都出身。2019年6月22日に15期メンバーとしてモーニング娘。に加入。抜群のスタイルの持ち主。メンバーカラーはデイジー。

FEAT
MEM

AI PRO
TWO ACTIV
MORNIN

(MEI YAMAZAKI)

山﨑愛生◯2005年6月28日生まれ。北海道出身。2019年6月22日に15期メンバーとしてモーニング娘。に加入。大のパンダ好き。メンバーカラーはブライトグリーン

CLOSE-UP

AI's COMMENT

ほまれちゃんの持っている
ふんわりとした雰囲気を生かしつつ、
ピンクやパール感のあるコスメをメインに、
甘くてツヤっぽい雰囲気に仕上げました。
とにかくスタイルがいいから、
洋服は長い脚を出せるショートパンツを
ガーリーに落とし込んでみました。

USING ITEMS

❺　❹　❸　❷　❶

HOW TO MAKE-UP

1 ❶のAをアイホール全体に塗り、目の下のキワにBをラインで入れる。 2 目頭のキワとまぶたにCのラメをポンポンとのせ、❷のマスカラを上下ともに塗る。 3 Dのハイライトを鼻の両付け根に入れる。 4 ❹で仕上げた眉の上からBをプラスして色をリンクさせて一体感を出す。 5 ❸の練りチークを指で頬になじませる。 6 ❺のグロスをたっぷりめに塗る。

ITEM_❶高橋 愛プロデュース Aimmx アイシャドウパレット - Magazine - 02 FLOWER PINK￥2,380／アイムミクス（アイムミクス カスタマーサービス） ❷フーミー ロング&カールマスカラ チェリーピンク￥1,650／フーミー（ナズル）❸OSAJI ニュアンス フェイスカラー 03 追憶￥2,750／OSAJI ❹ジルスチュアート ムースブロウマスカラ 08￥2,420／ジルスチュアート　ビューティ ❺OSAJI ニュアンス リップグロス 06 合図￥2,750／OSAJI

FASHION_スウェット¥31,900／ホリデイ フリル衿カットソー¥8,800／ラベルエチュード イヤリング¥6,400、イヤカフ¥2,800／ともにグレイ ショートパンツ、ブーツ／ともに高橋 愛私物

HOMARE OKAMURA

ほまれは〝ツヤ甘♡系〟に！

SHINY GIRLY

MEI YAMAZAKI

愛生は〝ストリート系〟に！

STREET

CLOSE-UP

AI's COMMENT

雑誌『mini』のような、
ストリートメイクが似合うんじゃないかと
ずっと思ってて。オレンジをベースに、
遊び心があるのにクールな感じに。
愛生ちゃんが普段絶対に着ないような
オーバーサイズのセットアップで、
とことんストリートに仕上げてみました。

USING ITEMS

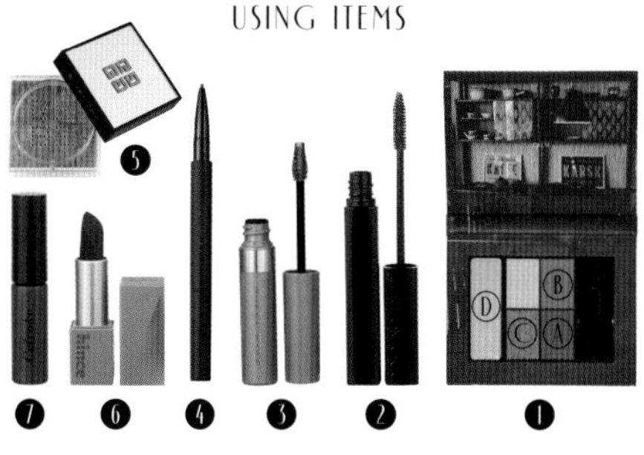

HOW TO MAKE-UP

1 アイホール全体に❶のAを指でぼかしながら入れ、二重幅広めと目頭から目の下幅2/3くらいまでBをラインで入れる。 2 目尻にくの字を描くようにCのラメを入れ、❷のマスカラを塗る。 3 Dのハイライトを、眉の上、鼻の両付け根、鼻筋に入れる。 4 ❹のアイブロウで眉を描いたあと、❸の眉マスカラを2度塗りする。 5 ❺のチークを頬になじませる 。 6 ❻の口紅を塗ったあと、❼を上唇にオーバーめに塗る。

ITEM_❶高橋 愛プロデュース Aimmx アイシャドウパレット - Magazine - 01 CAFÉ BEIGE￥2,380／アイムミクス（アイムミクス カスタマーサービス）❷アディクション ザ マスカラ カラーニュアンス WP 003 ダークマスタード￥4,180／ADDICTION（アディクション ビューティ）❸アイブロウフィルター 02 ミルクティーグレージュ￥1,100／ドーリーウインク（コージー本舗）❹セルヴォーク インディケイト アイブロウペンシル 03 モーヴブラウン￥2,200／セルヴォーク ❺プリズム・リーブル・ブラッシュ No.3￥6,600／ジバンシイ（パルファム ジバンシイ［LVMHフレグランスブランズ］）❻ムードインハンサーマットM015 ADDRESS￥2,350／hince ❼セルヴォーク エンスロール グロス 07 ブロンズオレンジ￥3,080／セルヴォーク

FASHION_シャツ¥6,930、Tシャツ¥3,850、パンツ¥5,940／ともにビームスドット（ビームス公式オンラインショップ）その他／高橋 愛私物

ふたりに会えて嬉しかった♡
いつもと雰囲気変わったかな……？

クールな表情なんて
したことなかった！

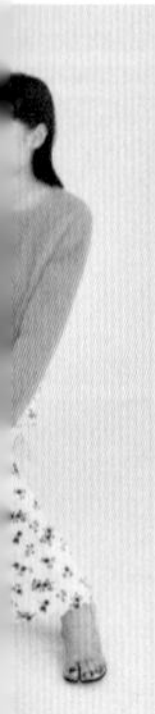

LOVEペディア♡

みんなでポーズ

AFTER SHOOTING

LET's GIRL's TALK

A – AI TAKAHASHI　H – HOMARE OKAMURA　M – MEI YAMAZAKI

実は顔を合わせたのは初!? 現役＆OGのリアル座談会

こんなに色がある洋服を
着たのは初めて！

A 今日は今まで見たことないふたりを引き出したくて呼んじゃった！ 来てくれてありがとう。
H・M こちらこそありがとうございました！
A ずっと話してみたかったから、今日会えて嬉しかった。私がデビューしたとき、まだふたりは生まれてなかったんだよね（笑）。
M 私も嬉しかったです。普段ステージに立っている姿を見ていると、歌声が力強くてキラキラしてて。会う前は緊張したけど、実際に会ったらずっと笑顔で優しくて、いつの間にか心がほぐれていました。
H 私も歌もダンスもかっこいいイメージが強かったのでドキドキしていたけど、会ったらニコニコほわほわしてて優しい方なんだなって安心しました。
A 実際に変身してみてどうだった？
H 私はピンクが大好きなんですが、なかなか私服で取り入れる勇気がなくて。いつもモノトーンの洋服ばかりだから、明るいカラーを着るのが初めてで新鮮でした。
A えー！ もったいない。スタイルもいいし、なんでも似合うよ。でも私も同じ歳の頃、黒しか着てなかった（笑）。その後いろんな格好していろんな色を着てみたら、似合わないって思ってたのは自分だけだったなって気づいたの。案外人って他人のこと気にしてないから、チャレンジしてみてもいいかもよ？
M 私も大好きな水色のニットを着られて嬉しかったです。
A 好きな色を着るとテンション上がるでしょ？ 似合ってる・似合ってないより、テンション上がることが大事だと思う。
M あと私は普段笑顔でいることが多くて、撮影のときも笑顔ばかり。でも今日はストリート系でクールなポーズや表情にチャレンジして、今までとは全然違う自分を発見した感じです。もっといろんな表現ができるようになりたいって思いました。
A 今日すっごくかっこよかったよ！ 今まで見たことない愛生ちゃんだったもん。
H 私はあんまり表に出せない性格なんですが、今日高橋さんのプロデュースで新しい自分を知ったこともあって、モーニング娘。'21のときはしないようなメイクやファッションをみんなに見てほしい！ って思いました。
A いいね〜！！ 今はSNSもあるし、少しずつ発信してみたらいいんじゃない？ 発信することは本当に大事！ そしてそれを続けることも大事。これからのふたりが楽しみだね。

お揃いのニット
どう？

for MEI_ニット¥5,940／ビームスドット（ビームス公式オンラインショップ） パンツ¥26,400／ホリデイ **for AI_**ニット¥5,940／ビームスドット（ビームス公式オンラインショップ） for HOMARE_タンクトップ ¥5,060／レイ ビームス（ビームス ウィメン 原宿） 肩にかけたニット¥5,940／ビームスドット（ビームス公式オンラインショップ） スカート¥48,400／ホリデイ スニーカー¥6,380／コンバース（ビームス ボーイ 原宿） その他／すべて高橋 愛私物

FIRST 2SHOT DIALOGUE WITH TSUNKU♂ SAN

AT ONLINE PROGRESSED BY KAZUMI NAMBA

T – TSUNKU♂
A – AI TAKAHASHI

——まずは「モーニング娘。LOVEオーディション21」での高橋愛さんの印象をつんく♂さんにお伺いしたいなと思います。

T いま振り返ると5期は重圧が強かったですよね。3期以降の『LOVEマシーン』現象を体感した上での参加メンバーだからね。国民的と呼ばれた「モーニング娘。」を知った上でチャレンジしに来たということは、本人の期待も周囲の注目も高かったろうし、参加人数も多くてね。参加者みんながプレッシャー、期待、不安みたいないろんなものを背負いながら受けに来ていたように思う。当時のおれが新メンバーに求めていたのは、絶対的なスター性、もしくはあの頃のモーニング娘。に足りなかった歌唱力。結果的には4人採ったけど、当初はもっと少なく選ぶつもりだった。

A もともとは合格者は1名の予定だったんですよね。

T うん。一人に絞るにはちょっと緩め。まあ、その分、いろんなパターンの子が来てくれたので、結果、目移り(笑)?

A あはは!

T 高橋の声を聞いた段階で歌唱周りはある程度安心しながらメンバーを固めていったね。例えが悪いけど、メンバー構成って、おれの頭の中のモーニング娘。というパズルに対して足りない部分を埋めていく感じ。「この子がいるからあとこれとこれとこれ。」みたいな。未知数ってプロデューサーにとってはワクワク感なんよ。まあ、高橋の声質も先輩と被ってなかったのでよかったんやけど、なんと言っても素朴さがよかったよね。訛りがいつまでも取れない感じとか。

高橋がいれば歌の部分はなんとかなるやろうという安心感があった(TSUNKU♂)

A たしかに(笑)。

T でも当時は訛りが取れる取れない関係なく、高橋の位置が心地よかったのはたしか。そこまでのモーニング娘。は誰もが「前に前に」でガツガツきてた中、癒やしというか、ふんわりした感じが高橋含めて5期にはあったから。

——高橋さんはつんく♂さんがおっしゃっていたような、モーニング娘。に入ることに対して社会からのプレッシャーを感じていたのでしょうか。

A もちろんです。グループが大きかったので。それに福井県出身の芸能人もあまりいないじゃないですか。

T 『ASAYAN』はオンタイムだったの? それとも何週間か遅れだった?

A たしか、4週くらい遅れてました。なので、4期メンバーの募集までは……。

T 参加できなかった?

A そうなんですよ。もう募集期間が終わってます、というのが多くて。5期メンバーオーディションのときは新聞で知ったんです。でも、いまつんく♂さんから言われるまで、自分は訛りだけで受かったんだと思ってました(笑)。受かったときも訛りのことを褒めてくれていたので、「私は訛ってるで受かったんや、本当に福井県出身でよかった」って思ってました。

T でも、間違いはない(笑)。

A ふふ。間違ってなくてよかったです(笑)。

——高橋さんの歌に安心感を持ったというのと、1人合格の予定がいろんなメンバーに目移りしたというのも面白いお話だなと。

A それは初めて聞きました。

T 高橋のここはいいけど、新垣のここもいいでしょ……みたいな、迷いがそれぞれにあって。それって『Mr.Moonlight ~愛のビッグバンド~』の歌い出しを誰でいこうかなと悩んだところに出ている。あれはいろんなパターンを作ったでしょ?

A はい。だからあのときはオーディションだったんですね。誰が歌うかがまだ決まっていなくて、みんなでレコーディング・ブースに入ったんですよね。

T あれはガチで迷ってたんよ。

A そうだったんですね。

——結果、CDの歌い出しは新垣里沙さんになりました。ミュージカル調になったのは高橋さんが宝塚を目指していたのがヒントになっていたりするのでしょうか。

A それは違うと思います(笑)。たしかその少し前に、つんく♂さんが真矢みきさんのプロデュースをされていたんですよね。その流れでそうなったんじゃないかな……と、憶測で言ってますけど(笑)。

T もちろんその経験も含まれるけど、どっちか言うたら『LOVEマシーン』以降、スケールの大きさをどう表現するかがモーニング娘。のひとつの課題でもあったんよね。なので、曲のテーマがどんどん大きくなっていった。あの曲の基本はシャッフルなロックなんだけど、アメリカの大きさを加えてくとブロードウエイ的なミュージカル表現になったんよね。あれは何年やった?

A 2001年です。

T ちょうど9・11があって。その年やったよね?

A そうでした。発売は10月だったんですけど、制作している途中で9・11があって。

T じゃあ加入が決まって発表があって、すぐ9・11になって、そのときに『Mr.Moonlight ~愛のビッグバンド~』を作ってて。その次はなんやった?

A 『そうだ! We're ALIVE』です。

T 深夜に歌詞を書き終えてレコーディングに向かう朝、マネージャーの運転する車の中で9・11のニュースを見て、大至急歌詞を書き換えた記憶がある。確か、サビとかは変わってないと思うけど、AメロやBメロを読み返して「あかん、変えな」と思って。

A それが『We're ALIVE』ですか? 『Mr.Moonlight ~愛のビッグバンド~』?

T どっちかなぁ。『Mr.Moonlight ~愛のビッグバンド~』だったら間に合ってないから、だとしたら次の曲かな。でも年末の番組で歌った気もするなぁ。「うそやん、無理やん! 間に合わん」と思いながら衣装のやりとりをした記憶もあるが……。まぁでも、そのへんの一連の流れは頭の中の記憶がぐちゃぐちゃやから(笑)。自分ではめっちゃそう思い込んでるけど、メンバーやファンとかから違いますよと言われて、そうやったんやな、ということがよくあるから。

A ありますよね。

T めっちゃある。モーニング娘。以外もめっちゃやってたから。

A 怒濤だったと思います。

T でも、スタジオに行く途中にニュースを見て、歌詞を書き換えたのがモーニング娘。の曲やったのは間違いない。

——モーニング娘。以外のユニットの話も出ましたが、高橋さんはミニモニ。について聞いてみたいことがあるんですよね。

A ああ、私がなんでミニモニ。に入ったのかっていう。

T 最初4人いて、矢口が抜けた?

A やぐっつぁん(矢口真里)とミカさん(ミカ・タレッサ・トッド)とのんつぁん(辻 希美)とあいぼん(加護亜依)

だったのが、やぐっつぁんがZYXをやるということで抜けて。私がそこに加入したんです。

T ちょっと身長は超えちゃっててんけど。

A そうですそうです(笑)。

T それも歌の軸がほしかったのかな。いや、加護もミカもいるし、そうじゃないなぁ……。あ、高橋がこのままいったら大分苦労するやろなって思ったのがデカイな。

――苦労ですか。

T うん、相変わらずグループとしては忙しい中、リズムや歌、ダンスという基礎はみんなちゃんとやろうという空気ではあったけど、とはいえ、人数も増えたのでマネージメントも手薄にもなる。ダンスの先生たちも一人一人への指導力が分散する。4期までは、それぞれ個別にああしなさい、こうしなさいって指導もあったけど、5期となると4人ひとくくりで「5期」って感じだったので、ひとりくらいはふわふわしててもなんとなく許される空気があったと思う。なので、一人ずつスキルアップしてかないと5期以降がすごく弱くなってく心配があったので、まずは高橋からいくで〜って意味あいが大きかったかもね。現場に出て体で覚えてくしかないって感じで。なんせ4期はライバル感バチバチやったけど、5期は4人で仲良かったんよ。

A 仲良かったです。

T あのまま仲良しのままいったら、一番埋もれる可能性があったのは高橋だったのよ。みんなを待っちゃうから。新垣は「ハイ！ ハイ！」って前に出れる子だったし、小川(麻琴)もしっかり隙間狙ってるし、紺野(あさ美)は実際に頭もよく強かさもあってアナウンサーになれる子だったでしょ？

A すごい。つんく♂さんは5期のこともわかってらっしゃったんですね。

T 高橋はみんなのことを待ってたら一番最後になるから。そうなると浮上できんぞってのがあったね。なので最初で最後のチャンスやで、先輩からたくさん勉強しいやという気持ちもでかかった。ミニモニ。みたいに乗ってるグループで、ある程度揉まれないと。

A そういうメッセージだったんですね。おかげさまで勉強になりました。

――歌唱力を買われていた一方で、そういう心配もされていたんですね。

T そうだね。加護、辻も当たってたし、ミカもうまかったから、そこにぶつかっていかないと。5期のなかでふんわりしてたら本当にやばかったよね？

A やばかったと思います。ありがとうございます。

――その頃の高橋さんは危機感のようなものは抱いていたのでしょうか。

A 危機感すらなかったと思います。いっぱいいっぱいだったのでライバル心も生まれてなかったし、たしかにおっしゃるとおりですという感じでした。やっぱり(ミニモニ。は)グループが乗ってるからなのか、とにかくスピーディなんです。みんな覚えるのも早いし、器用。置いてかれるという気持ちがあって。だからよく泣いてました。この人たちみたいになれない、って。

T 辻とかはちゃっちゃっちゃっちゃっとこなしちゃうからな。

A そうなんですよ！

T リハーサルが終わった時点で仕上がりが60点とか70点くらいの時、高橋は「できない」って顔してしょげてる。辻や加護は60点70点でも「はい、完璧です」って顔して他のことしてる。

A 私ができなくて泣いていても、「なんで泣いてるの？ 全然できてるし大丈夫だよ」みたいな感じで引っ張ってくれたんですよね。そういう環境にいられたのもありがたかったなと思います。だからいま、お話を聞いてすごくしっくりきました。

T 20年経ってやっと(笑)？

A ああはは。ミニモニ。で本当によかったなって。当時も言ってたと思うんですけど、身長150㎝以下というルールがあったので、私は150㎝以上なのになんで？っていう感じだったんです。いままでのミニモニ。じゃなくなっちゃうから大丈夫かな、というのはありました。

T 高橋が最初に入って一発目のシングルはどの曲？『CRAZY(CRAZY ABOUT YOU)』？

A 『CRAZY』じゃなくて、『県庁所在地(ロックンロール県庁所在地〜おぼえちゃいなシリーズ〜)』です。

T そこからか。

――『CRAZY ABOUT YOU』はそれまでのミニモニ。らしからぬと言いますか、グループのイメージを覆す曲になりました。

T ちょっとここらで全体の空気を変えていかないと、というのと、モーニング娘。本体にもいい影響が出るようなものを、と考えていて。おれもピリピリしてたから、ちょっと厳しめの曲で勝負かけたかった。MV含めて出来上がった感はあったよね。ひとまずここまで来たなという。

A びっくりしました。

T 今、振り返れば、あれが9期以降のモーニング娘。に繋がっていく入り口なのかもって思う。その頃のミニモニ。とZYXは、おれのなかでも探り始めてて。研究じゃないけど、実験がめっちゃ含まれてるのよ。

A そうだったんですね！

――つんく♂さんの采配がハマり、高橋さんはミニモニ。で才能を伸ばしたわけですね。

A 伸びたかなぁ(笑)。

T 高橋をリーダーにしたらモーニング娘。を背負ってくれたから、チャレンジできたので。大変やったと思うけど。前半戦の苦労はそれなりにちゃんと自分に返したというか、よくやってくれたなとは思うけどね。

勢いのあるミニモニ。で高橋は揉まれないとと思っていた(TSUNKU♂)

――ただ、高橋さんは急にリーダーに任命されて大変だったという話はよくされていて。

T 誰から引き継いだんやっけ？

A 藤本美貴ちゃんです。

T 急に辞めたからか。

A そうです(笑)。美貴ちゃんがリーダーだったときにサブリーダーだったので、いつかはなるなと思ってたんですけど、突然だったのでどうしようというのはありました。

T その頃は石川(梨華)とかもみんないない？

A いないです。同期もガキさん(新垣)しかいなくて。

T そうか、藤本は6期やったんか。

A はい。6期で、吉澤(ひとみ)さんがリーダーのときに美貴ちゃんはサブリーダーだったのかな。それで、吉澤さんが卒業して、美貴ちゃんがリーダーになってすぐのことでした。あの頃、つんく♂さんから「アットホーム」という言葉をもらったんですよ。その言葉が結構大きかったんですけど、なんでアットホームというワードが出てきたんですか？

T それはおれも覚えてるけど、個々で色々もがいても時代も変わっていくし、『LOVEマシーン』と

『リゾナント ブルー』がなかったら『One・Two・Three』もできていない（TSUNKU♂）

か『恋レボ（恋愛レボリューション21）』とかの呪縛にいつまでも自分たちが縛られてもしゃあないと。そのなかで、モーニング娘。というブランドを大事にしていくことを考えなきゃなって思ってたんよね。

その次はどのメンバーが入った?

A そのあとはジュンジュンとリンリンが入って。

T 光井（愛佳）までは決まっていったやろ。

A はい。それから4年くらいは加入がなくて。そのあと9期が入ってきます。

T ジュンジュンとリンリンたちを含めた、いわゆるプラチナ期か。その頃が一番苦労もしたけどいろんな作品も残ったし、高橋たちが頑張ってくれてたから、ほかのアイドルと違うよねっていうのがいまも残ってる。ひとつのブランドを作った一番の時期かもしれない。後藤とか4期がバーンと花火を打ち上げたあとのほうがやっぱり大変なわけやから。おれも曲書くのを一番迷ったというか、すごく考えたし、あの手この手打って作ってきた。高橋が歌うと8ビートがどうしてもサマになるから曲調がそうなっていくんだけど、それがのちのモーニング娘。のロックというかアツい場面の代表曲となっていった。歌っててなにが一番盛り上がる? 高橋のなかではどのへんが一番手応えがある?

A 『リゾナント（リゾナント ブルー）』ですかね。

T あれはそうだね。8ビートの曲ではないけど、あの頃のおれの中の最初のブレイクスルー曲だった。あの曲に辿り着けたのはよかった。

A 名曲ですよね……って全部名曲ですけど（笑）。

T あれがなかったら『One・Two・Three』もできてない。

A え! そうなんですか!

T 『リゾナント ブルー』は、メンバーの歌が入ったくらいのラフミックスを確認の意味も含めて、おれの車の中でちょいちょいかけてたの。そしたら妻のお腹のなかに居たうちの双子たちがガンガンお腹を蹴るのよ。で、妻がイタタってなって。でも、その時「これはうまくいくかも」って確信したのを覚えてるな。

A 周波数が合ったんですかね（笑）。

——プラチナ期という言葉が出ました。その時代は今に繋がる礎ができていった重要な時期だったわけですが、当時その渦中にいた高橋さんはどうだったのでしょうか。

A テレビに出られなくて悔しかったという記憶があって。でも、つんく♂さんがこういうときだからレベルを上げなさいと言ってくださったんですよね。まわりを見たらライバルがたくさんいて……AKB48とかももクロとかが出てきた時期でもあって、AKB48と紅白で一緒になったりしてたんですよね。それで、私たち大丈夫かな?という感じだったんです。だけど、つんく♂さんがその言葉をかけてくださったおかげで、本当に自分たちのモチベーションが上がったというか。やるべきことの道筋を立ててくださったんです。だから私たちはコンサートを頑張ろうと思えました。

T そうやって切り替えられたのはおれもありがたかった。

A こちらがですよ!

——コンサートで力をつけようというのはすごいことですよね。メンバーは当然不安もあったはずで。

T そこはありがたいことに、お客さんが来ないわけではなかったから。

A そうですそうです。

T ファンがちゃんと来てくれてたから、だったらそこをやろうと。おれが学生時代にコンサートを観に行ってたアーティストたちも常に『ザ・ベストテン』とかに出るような人だったかというと、そうじゃなかった。当時、大阪でも厚生年金会館とかの2000〜3000人キャパのホールをいっぱいにしてたグループがたくさんいた。例えばアップフロントにいた先輩で言うとスターダスト☆レビューさんとか。世間的にもアイドルでもないし、テレビに出る人でもないけど、厚生年金とかは常にいっぱいにする先輩で、おれもよくライブを観に行ってた。チケット代でいうと高校生のときの5000円とか6000円ってめっちゃ高かったけど観に行きたかった。普段は会えない音楽好きな仲間と一体化出来る瞬間でもあったし。そういう思い出もあるし、おれ自身のシャ乱Qもライブで上がっていったバンドやったから、別にモーニング娘。もそれでええんちゃうっていう気持ちが普通にあっただけで、なにかを意識してここでこう言おうとか決めてたわけではないと思う。

A そのとき思ったままに言ってくださったんですね。でも、その言葉が私たちの支えになっていたんです。先輩からはこうしたほうがいい!というアドバイスをいただくじゃないですか。ちょっと時期がずれるけど、そのあとドリームモーニング娘。もできたりしていたし。

——ドリームモーニング娘。もプレッシャーになったとは言っていましたよね。

T あっちのほうがテレビに出れるからということ?

A というよりは、喝を入れてくれたんですね。みんなで仲良しなだけじゃ売れないよ、みたいな。私たちのときはバチバチして切磋琢磨してたよ、ということを教えてくれてたんです。

T （笑）。まぁ、言うてもその瞬間はすごく短いからね。高橋から見た先輩は瞬発的な1年とか2年の出来事だから。とはいえ、確かにあの頃の世間の重圧もすごかったから先輩たちの実績はすごいんやけど。ただ、そのあとのほうがずっと長いからね。だって高橋も長かったけど、今の譜久村（聖）や石田（亜佑美）とかももうすぐ10年か、もう超えたかくらいかな。

A 超えてますね。

T 超えてるか。それを考えたら、もう全然。

A いまだったら理解できるけど、その当時の私たちはダメだダメだって自分を否定しちゃっていたので、つんく♂さんの言葉がすごく救いだったんで

『LOVE』をハロプロで歌うとこうなるよ、の正解が高橋だった（TSUNKU♂）

すよね。これがダメということよりも、自分たちのままでレベルを上げることが大事で、それでいいんだと思えたんですよね。

T 結果、みんながポジティブでありがたかった。おれもおれでそう言いながら自分にプレッシャーも当然あったから。「ごめんな、おれがどこか弱いんかな」っていう意識もあったのかもしれない。だから自分なりにみんなで頑張ろう、レベル上げようという気持ちで言ったところもあって。それが『リゾナント ブルー』のときにはある程度まで到達できてたと思う。あの曲のビデオを観ると、9期10期が入ってきてすごいすごい言われてた時期ともやっぱり全然違うなって思う。ものすごいパワフルなんよね。振り返ると『浪漫 ～MY DEAR BOY～』とか『THE マンパワー!!!』とかでちょっと抜けかけたけど、やっぱり苦しんでる。『歩いてる』で(オリコン週間)1位は獲らせてもらったけど、やっぱりもうひとつ抜け出せてなかった。そんな時に『リゾナント ブルー』が完成して。手応え感じたね。おれは。結果は3位で、枚数で言ったらすごかったわけじゃないけど、なんだかあれで世間がなにか変わった気がしてた。

A そうですね。とにかく業界の人たちの人気がすごくて。作曲家の方からも「あの曲はすごいんだよ」とよく言われていました。

T おれも作ってて、やっぱこういうことやなって自分でも感じたし。

A 振り付け自体もグルーヴに乗るという感じに変わっていったんですよね。

T 先生は誰やった?

A SHE先生です。つんく♂さんからは振り付けはこうしてくださいというのはあったんですか?

T 振りを付けるな、踊らないで、みたいなことはすごく言った気がする。

A だからなんですね。サビは踊ってないですもん。とにかくそれぞれが共鳴して、みたいな感じだったので。

T 振付師は振りを付けたがるけど、つければつけるほど嘘っぽくなっていくから。そんなんいらないいらないって何度も言って、できあがっていったかも。

A そうだったんですね。ダンスはかなりハードルが高かったです。

T まぁみんなよくやってくれてたよね。ダンスの先生も苦労していいものを作ってくれてたし。

A 『リゾナント ブルー』はそれまでのノリと違ったので、レッスン入れてくださいと言って自分たちだけで練習したりしたんです。大きく動けばいいとかアクセントを取ればいいってことじゃなくて、みんなの乗り方が合ってないと変に目立っちゃうので。ずっとレッスン入れてくださいと言ってた記憶があります。

——その時期の他の曲だと、高橋さんが『みかん』の曲名の由来を知りたいと。「こたつにみかん、のようにモーニング娘。もお茶の間に溶け込みたい」と「未完成のみかん」どちらなのでしょうか。

T どっかでもちょこちょこ語ってると思うけど、いっぱい迷って。歌詞のなかから持ってくるんじゃなくて、象徴的な言葉をつけたかったのよ。それこそ「レモン」とか「オレンジ」の横文字じゃなくて、季節的によく目にするもので、とかむっちゃ考えて。

A それでこたつにみかんが(笑)。

T そう。「こたつ」か「みかん」やなって。

A そういえば最初の仮歌のときはマイナーな曲調からスタートしてたんですよ。それが明るく変わったんですよね。それってどんな意図があったのかなって。

T イントロ変えた? 多分、単純に気に入らなかっただけだと思う。

A あははは。私は結構好きだったんですよ。だから覚えてるんです。好きだったのに変わっちゃったんだって。

T そうなんや。それは申し訳ない。

A そんな(笑)。いまのがベストだと思うんですけど、もともとのは明るいというよりかっこいいほうに振ってたと思うんです。

T 暗かったんちゃうかな。

A そうです。私、暗いのが好きだから。

T 作ってる途中でデモテープを渡したくないんやけど、早く歌詞覚えないとあかんとかもあるからね。歌詞は変わった?

A 歌詞は変わってないです。イントロだけです。あのイントロ大好きだからよく覚えてます(笑)。

T 引っ張り出して聴いてみるわ。チェックしとく。タイトルの話をすると、「オレンジ」じゃなくてやっぱり「みかん」だなと思ったんよ。でも、時代を見て、「オレンジ」とかやったら似たような曲名もいっぱい出てくるから「みかん」は「みかん」でよかったなって思う。かっこよくはないけど。

A かっこいいですよ。

T 「みかん」ってポップスでなかなかないやん。「レモン」とか誰かがまた歌いそうやん? でも、J-POPで「みかん」を盛り込んでくるやつは当分いないやろ。

A さすがですね(笑)。ああいうメッセージ性のある曲だから、曲紹介で『みかん』って言うときもちょっとかっこつけるんです。それも面白いです。あともう一個聞きたいことがあるんですけど、私が加入したばっかりのときに、つんく♂さんが浜崎(あゆみ)さんと歌われた『LOVE ～since1999～』をアルバムでセルフカバーされたときに、私を選んでくださったじゃないですか。

T うん、歌ったな。

A あれはなんで私だったんですか?

T ハロー!プロジェクトで歌ったらこうなるよ、というのを作りたくて。そう思ったときに、当時歌えるのは……あとは(田中)れいなか。順番的には高橋が歌ってくれないとあかんでしょ、みたいなところはあったかな。浜崎じゃなくてもこうなるよ、みたいな。

——ハロプロでやるならこうなる、ということで選ばれたのが高橋さんだったと。

T そうだね。正解を歌うのは高橋だったのかもしれないね。

A 言われたときは、みんながいる前で発表されたのでびっくりしました。予定に「レコーディング」って入ってたから、なんですかこれっていう。ちょうど『うたばん』の収録日だったのは覚えていて。先輩たちがいっぱいいて、月のスケジュールが発表されて。

T 発表がアナログな時代やね。

A インフォメーション用紙ですか

らね。ケータイもまだパカパカでしたから。

T LINEとかない時代だったもんね。

——スケジュールのお知らせは全員がいるところで発表されるんですね。

A そうですね。大体新しいインフォメーションはみんなの前です。「高橋、ちょっと」みたいに呼び出されるわけではなかったんです。

T みんなも聞かされる。部活のレギュラー発表みたいな。

A たしかに（笑）。そういえば、『泣いちゃうかも』の歌詞に出てくるマリコさんは、なんでマリコだったんですか？

T メンバーの母ちゃんがマリコやってん。

A ええ!? そうだったの！

T って、それは嘘で、あとから知った（笑）。なんでマリコやったんやろな。結構スタンダードだったのかも。マリコは意外と歌詞に出てくるから。中島みゆきさんの『悪女』という曲もマリコが出てきたり、昭和の歌詞の中で出てくるの。だから、新しい誰かを使うと……責任感じちゃう。

A あははは！

T 誰かが使ってるマリコだったら、分散するというか。『ハッピーサマーウェディング』の「杉本さん」は、鈴木さんとか田中さんとか高橋さんとかやったら日本にめっちゃ多いやん。でも杉本さんくらいやったらベスト60くらいやと思う。

A ベスト60（笑）。

T でも、よう考えたら（明石家）さんまさんの本名も杉本さんやし、結果なんとなくよかったなと思って。あんまり安すぎる名前でもなくて。マリコも、例えばアケミとかだと意味が出てしまう気がするし、「なんとか子」のほうがいっぱいいるからいいと思ったのかな。とにかく、ここに意味はないよと思って使ってる。

A 面白い。つんく♂さんは歌詞を書くときに、本当はこれがよかったけど入らないからこれにした、みたいなことってあるんですか？

T 迷ったら答えをあんまり覚えておかないようにする。昔は書き換えたやつも残しといてんけど、あとで見て、やっぱりああしとけばよかった、って思いたくないから。パソコン使うようになってからはなるだけ残さないようにしてる。

A そうなんですね！

——僕からもいいでしょうか。高橋さんが次のステップに進みたいということで卒業の相談をしたときに、つんく♂さんが辞めるタイミングはいまじゃないという話をしたとうかがいました。どんな意図があったのでしょう？

T 曲で言うとどこまでいたんやっけ？

A 『この地球の平和を本気で願ってるんだよ！』までです。

T 『地球（この地球の平和を本気で願ってるんだよ！）』は非常に重要な曲で、『彼と一緒にお店がしたい！』との2曲の繋がりもとても大事だったな。9期が入ってしっかり温まってからじゃないと、高橋がせっかく長くいたのに、ぷつっと切れてしまったらどっちにも損。という意味で、どの時点でそう言ったかわからんけど、高橋はまだやろと思ったかな。いま実感してると思うけど、戻ってくるのはすごく難しいことやから。辞めざるをえない子もいたなかで、そういう問題もないなら、少しでも長くいても損はないかなと思ってたけどね。舞台（『ファッショナブル』）の『青春コレクション』には出てるよね？ そこで鞘師（里保）が登場して。

A そうですそうです。

T その辺からの流れを作り込んで、次の年までいたのか。高橋が9期をしっかり受け止めたのはよかったんじゃないかと思う。

——これはごく素朴な質問なのですが、メンバーがグループを卒業して、結婚されていくことについて、つんく♂さんはどういうふうに受け止めているのでしょうか。

T 寂しいとは違うけど、本当にみんなに幸あれと思うかな。10代で入ってきて、成長して大人になっていって。それぞれの幸せの法則は違うから、独身でいるのも人生やけど、お嫁さんに行って幸せですという報告があるのも嬉しい。それがすべてではないけど、すごくいいなって思うのと……あと自分で決めたのは、結婚式には呼ばないで、っていうこと。

A あははは。

T そう決めたのも、誰かのは行けて、誰かのは行けないってなったらイヤだから。保田（圭）のときはたまたま旅行中のタイミングやったかな。ハワイに遊びに行って、いま式で近くにいるんですと聞いて、バーッと行ったの。そういうことはあったけど、初期の段階で、これ全員行ってたらやばいぞと。

A そうですよね（笑）。めちゃめちゃメンバーいますもんね。

T 飯田（圭織）は旦那さんがおれの直の後輩やから、そこは行って然るべきで、それ以外は基本的に「行かない」って決めてる。てか、誘わないでってアップフロントに伝えてある。そうじゃないと絶対言われるもん。

A うちには来なかったーって。

T 逆にメンバーたちも席順とか、誰々の先輩がここにおるのにつんく♂さんがここにおったら座らされへんでしょとかって揉めるから、おれが行かないって決まってるほうが結果的に気が楽やと思う。

A 来てほしかったですよ。私もハワイでやったから（笑）。

T そっかそっか……でも、こういうふうになるからね（笑）。でも、おれも結婚して、子どももそろそろ年頃やし、人さまの娘さまのことをとやかく言うてられないので。

A ふふ。

T まぁでも、例えば、（旦那さんを見て）この男どうやねんとか注意してもしゃあないし、逆に、この男ええぞって勧めたのちに騙されましたとかってなっても困るから、おれはほぼなにも言ってきてない。恋愛が成就するにしてもそうじゃないにしても、その先、自分が大人になってもどの立場になっても、自分の糧や。出会って夢中になったら、それはそれでええやんと。そこは、おれは、直接の所属事務所の社長とかじゃなくプロデューサーでいられたから。恋も含めたいろんな経験をして、自分の人生で戦っていってほしいということかな。

A 私が現役のときは食事のことも気にかけてくれたじゃないですか。ちゃんとこれを食べなさいとか。外反母趾になってるよとか。いろんなところを心配してくださったなという思い出があります。

T 女の子たちにとって太った痩せたは大きな問題でしょう。高橋はそんなに太ったとかはなかった記憶があるけど。例えば、メンバーがご飯食べれないとか、体温が36度切るんですみたいなことを聞くと、お前大丈夫かって思うからね。痩せてると綺麗綺麗って言われちゃう世界だけど、それはどうなのって思う時もある。モーニング娘。って少々太っても痩せても、

高橋が9期をしっかり受け止めたのはよかった（TSUNKU♂）

卒業してからリリースされた曲を聴いて、かっこいい！悔しい！って思う（ＡＩ）

ある程度メンバー数いるからええやんっておれは思ってるから。1年間くらい多少太っててもええやんって。無理にダイエットして本気で体壊すならそれはちょっと違うでしょ！って思う。でもみんな写真集の撮影の前とかになると急に食べなくなっちゃうからさ。それは心配やった。おれらってツアー出ちゃうと、弁当、コンビニ、夜は居酒屋的なところで食べる、という繰り返しになるやん。それはすごく寂しくなっていくというか。だから、せめてちょっと温かい味噌汁だけでも現場にあったらええな、というところから、たくさん人数が集まるライブでは温かいケータリングを用意するようになっていったんよ。

A そうだったんですね！

T 親元離れてずっと弁当じゃかわいそうやろって。おれは20代で出てきて、メンバーと同じアパートの別の部屋に住んでたけど、それでも夜になったら孤独感とか寂しさにさいなまれたからね。それが15や16の女の子が福井とかから出てきてるんだから、ちょっとおかしくなるよなって思うから。

A その気持ちが温かいです。

――高橋さんからするとつんく♂さんはどんな存在なんでしょうか。

A お父さんと思ってました。

T 高橋のお父さん何歳？

A うちのお父さんは、55かな？

T あんまり変わらんね。

A でも歳とかではなく、つんく♂さんの包容力がお父さんであり、お母さんでもあり（笑）。食事のこともそうですし、なんでもすごく面倒を見てくださるので。

T 卒業してもう10年経つんか。その間、現役のモーニング娘。をどういう目で見てるの？

A もう、ファンです（笑）。モーニング娘。が好きで入ってますけど、なかにいるときは好きというよりもちゃんとやらなきゃという責任感に追われてたじゃないですか。でも卒業してからは、こんな素敵なグループなんだと改めて実感して。中にいたときよりも卒業してからのほうがそう思うんですよね。この曲めっちゃかっこいい！悔しい！って思うんです。歌いたかったなって（笑）。

T 例えばどれ？

A 『Are you Happy?』とか大好きで。『One・Two・Three』もそうです。

――『時空を超え 宇宙を超え』も歌いたいとおっしゃってましたよね。

A そう！『ときそら』も大好きです！

T あれはたしかに高橋が歌ってるイメージもわかる。

A 本当ですか？　歌いたかった〜（笑）。そういう大好きな曲はいっぱいあるんですよね。違うグループだと後浦（なつみ）の『LOVE LIKE CRAZY』とか。シャッフルのときも、自分が配属されるグループの曲も好きだったけど、ＳＡＬＴ５もすごい好きで。私が卒業して、最近はモーニング娘。の曲を違う方も作るようになったじゃないですか。でも、やっぱりいい曲だなと思うのがつんく♂さんの曲なんです。

T 嬉しいこと言うね。ありがとう。

――高橋さんは後輩をファン目線で見ているんですね。

A 本当にファンです。ファン的に見てわかることもあるし、もちろんモーニング娘。のなかにいたからわかることもあるから、ここがこうでよかったよとか自分が感じたことはなるべくメンバーに伝えようと思っていて。一緒に活動してきたのは9期までで、10期はステージで2日間会っただけで喋ったことはあまりなかったんですけど、こっちは見てて知ってるから「ねぇねぇ石田、ちょっといい？」って呼んで、「ここのここがめっちゃよかったよ」とか言うんだけど、最初はあっちも緊張するじゃないですか。でも、私があまりに観に行ってるから、またですかみたいな感じになってきてて（笑）。でも、気になったところは言うようにしてます。「横山、よっこいしょって立ちすぎじゃない？」とか（笑）。

T 大事大事。そういうのはね、嫌われてもええから言ったほうがいいよ。

A よかったところはよかったねでいいと思うんですけど、気になったところを言うときは、あくまで私の意見だからね、これが正解ってわけじゃないからね、ってことで言うようにしてます。

T 嫌われるかもしれないから言わんとこかなって思っちゃうけど、でもやっぱり、あとになっても先輩の意見って覚えてるやん？　だから大事よ。

A よかった。迷ってはいたんですよ。私が言ったらなんか違うんじゃないかな、とか。

T 20歳までくらいのときにはわからなかったこともたくさんあるだろうから。いまこうしておいたほうがのちのち効いてくるっていうのは、おれとかにもわからんこともあるやろ。言うてあげたほうがいいと思う。

A そうします！

T ちなみに最近のメンバーは誰が気になってるの？

A 北川（莉央）です。いい顔するんですよね。入ったばかりでもうこんな顔できるんだ、みたいな。こないだもソロフェスで歌ってたときにいい表情してて。でも、ここ（顔の周りの髪の毛）をすっきりさせて、って思ったんですけどね。昔つんく♂さんがおっしゃっていたことがよくわかります。よく見てくれてたんだなって。当時は切れと言われたら「はい。わかりました。切ります」って感じでしたけど、いまはこうだから切らなきゃいけないんだというのがわかります。

T ガチッと固めたりするやん。カツラかと思う。もっさいのよ。

A （顔の両端を指さしながら）ここを隠したがるし。

――顔の輪郭に沿って髪を垂らす〝触角〟は一時期すごく流行ってました。

T あかん。せっかく顔で選ばれてるのになんで隠すの？って。カメラに抜かれたときにそれじゃあかんやん。

A そうなんですよ。いい顔してるのにもったいないなって思うようになりました。

T せっかく選ばれたんだから落ちた子たちのぶんまで目立たないと。そうじゃないと、私も同じオーディションを受けてましたって言えない。5期と一緒でした、とか辻ちゃんたちと受けてました、とかって芸能人の子が出てくるやん。ああなれたらよかったなって思ってくれてるから芸能人になるのであって。15期のときに受けてましたって言わんとこ、ってならないようにしないと。

A 根本的な気持ちを忘れちゃってるかもしれないですよね。ほかのメンバーと比べて自信をなくしちゃって髪で顔を隠すという子は結構いると思うので、自分がオーディションで選んでもらってここにいること自体が素晴らしいんだというのを忘れがちかもし

れない。

T うん、それはもったいないね。未来のモーニングたちへの期待という点ではどうなん？

A 楽しみでしかないです。フクちゃん（譜久村聖）はすごく律儀で、今までのモーニング娘。を大事にして、先輩方のなんとかを～っていつも言ってくれるんですけど、もうわかったよ、わかってるから、その先の進化のほうが大事よって思ったりもします（笑）。

T それはあるね。未来は曲が表現していくから、チャレンジだけし続けてくれたらいいなと思う。それは卒業生たちもそう。過去にすがってばかりもいかんから未来に向かっていってほしい。おれがコンサートの前にいつもかけてた言葉とか覚えてる？

A ……なんだろう。

T その日に誰でも修正できることはなんですか？って。まず、笑顔だよね。振りとか立ち位置は何日も練習しないと入らないけど、その日の顔くらいは自分でコントロールできるやろ。だから笑顔。表情だね。あともう一個。これも練習とかじゃなくて、その日に自分で直せることね。

A 感謝ですか。

T 結論はそこだけど、その手前にひとつ。誰の人生でもそうだし、おれもいつも思うけど、「丁寧にすること」。

A ああ、たしかにそうですね。

T 歌が終わっても休憩じゃない。イントロアウトロも含まれてますよと。これは人生と同じで、例えば字を書くのがうまいか下手かは知らんけど、誰でも丁寧にはできるんだから、丁寧に書きなさいっていうこと。うちの息子もすぐに手を抜きよるから読まれへん。

A あはは。

T 「僕は読めるもん」って言うの。お前が読めるかどうかは知らん、おれは読まれへんっていう（笑）。いまはみんなコンピュータやから、字を書くのは確かに下手になる。でも丁寧にはできるはず。おれも丁寧さを忘れて手を抜いたら失敗する。昨日も娘に、マンションのフロントデスクの人に手紙を預けてきてってお願いしたの。でも、娘はわかったわかったって話を聞かないで出て行ったから、それをポストに投函しちゃったのよ。

A フロントではなく。

T そう。で、友達がフロントに手紙を取りに来て。そしたら、「ないですよ」ということになって、娘に確認したら、ちゃんとポストに入れたよって。ハワイの生活ではよく「小切手」を使うねんけど、要は小切手が入ってたの。

A ああ……（笑）。

T おれが手を抜いて、娘に持って行かせればいいやと思ったから。13歳やし、それくらいできるやろと。でも、いつもポスト投函を頼んでるから、フロントのお姉さんに渡してねというのを聞かずに、いつものようにポストに入れちゃって。丁寧さを忘れるとそういうミスが起こっちゃうよ、という。だからおれ、朝から郵便屋さんが来るのずっと待ってたもん。

A ポストを開けるのを待ってたわけですね（笑）。

T 小切手が入ってるから探してくれって。戻ってきたからよかったけど。

A 結局、時間がかかってしまって。

T 人生っていうのはそういうこと。

A 丁寧に生きるのは大事ですね。私、まったく違う話なんですけど、使ってるハンガー同士がくっつくやつで、取るときにイラっとするわけですよ。力を入れてわーって取ると、服がわーって飛んでいって、結局、時間がかかっちゃうんです。私も丁寧に生きなきゃなって気づきました（笑）。

T そういうことそういうこと。高橋が一番レコーディングで歌った歌詞やんか。〝一歩一歩でしか進めない人生だから〟（『Do it! Now』）って。

A あー（笑）！ つんく♂さん、あのときのレコーディングは3時間も4時間もかけてしまってごめんなさい。「高橋は跳ねるのが苦手やな」って言われてましたね（笑）。

T あはは。その「一行」録るだけやのにね（笑）。

——といったあたりで締めの時間になりました。パーソナルな話からモーニング娘。論まで、貴重なお話をありがとうございました。

T みんなが読みたくなるんじゃない？ 楽しかったよ。そういえば、いま高橋がやってるあのCMのシリーズ、なんやったっけ？

A 『ムシューダ』ですか？

T そうそう。頑張ってるよね。

A 頑張ってます（笑）！

T 見てますよ、ということで。

A 嬉しい。ありがとうございます！ また旦那さんのあべこうじさんと一緒に新しいウェブCMが決まったので、よかったら見てください。

T 了解了解。気にしとくわ。

A つんく♂さん、今度ハワイに会いに行ってもいいですか？

T もちろん。コロナが収束するのを祈っとこ。

A やった！

誰の人生でもそうだけど「丁寧にすること」が一番大事（TSUNKU♂）

つんく♂○1968年、大阪府生まれ。1988年にバンド・シャ乱Qを結成。1992年にメジャーデビューし、『シングルベッド』『ズルい女』など、4曲のミリオンセラーを生み出した。1997年よりモーニング娘。のプロデュースを始め、代表曲『LOVEマシーン』(1999年)は176万枚以上のセールスを記録。その後もハロー!プロジェクトをはじめ、数々のアーティストのプロデュースやNHK Eテレ『いないいないばあっ！』を含む、数多くの楽曲提供、サウンドプロデュースを手掛け、現在ジャスラック登録楽曲数は約1950曲。その他、プロデュースした任天堂のゲームソフト『リズム天国』シリーズは全世界累計販売本数500万本以上のヒットとなり、現在国民的エンタテインメントプロデューサーとして幅広く活躍中。

NOW

CHAPTER TWO

LIFE STYLE

ABE FAMILY

MORNING STORY OF KOJI & AI ABE...

MORNING ROUTINE

PREVENTION IS BETTER THAN CURE!

1. 2.　1. 2. ……

LOVE & HAPPY ♡

Good Days
ALWAYS HERE!

9:41

LOVE BEGETS LOVE

MY STANDARD

FASHION, BEAUTY, INTERIOR, AND MORE......
ALL AI's BELONGINGS.

01

TABI BOOTS

〈メゾン マルジェラ〉のタビブーツ

ファーストタビブーツはカーキのもので、そのあまりの履きやすさに感動し、気づいたら７足も！ コーデを格上げしてくれる頼れるパートナーという感じで、私にとって宝物のような存在。あと実はチャンキーヒールでホールド感もあるから、安定していて踊りやすいのもポイント。ライブのときも大活躍しています。

01

02 — HAND BAG

〈メゾン マルジェラ〉のバッグ

ずっと憧れていて欲しかったけど、高すぎて手が出せなかったバッグ。ところがロサンザルスに行ったとき、まさかのセールで60%オフくらいで売られていて即購入しました！ 以来、あらゆるコーデに合わせて愛用しています。

03 — PERFUME

〈メゾン マルジェラ〉の香水

7〜8年愛用している香り「レプリカ」。さわやかで、上品で。初めて出会ったとき、運命の香りに出合った！ と衝撃が走りました。少し浮気はしても、必ずこの香りに戻ります。毎日つけているので、切らさないようにストックも常備。

03

02

MUG
〈マッドフルーツ〉の
マグカップ

06

POT
〈ル・クルーゼ〉のココット・ロンド(右)と、
〈バーミキュラ〉のオープンポット(左)

05

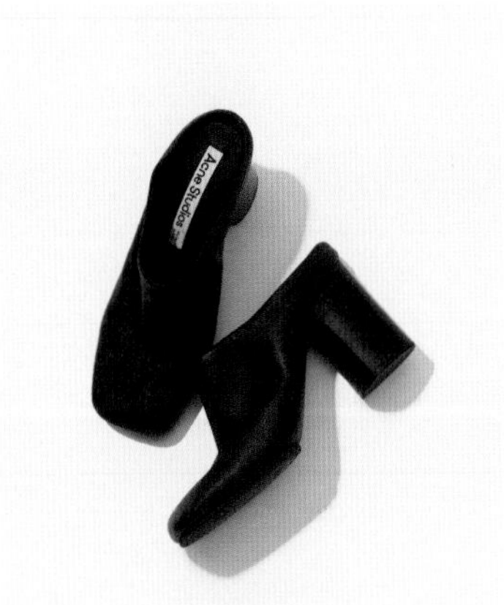

04

MULE
〈アクネ ストゥディオズ〉の
ミュール

COMIC
『進撃の巨人』

09

08

CLUTCH BAG
〈ボッテガ・ヴェネタ〉のバッグ

07

KNIT
〈H&M〉のニットトップス

04_最近長く使えるものを選ぶようにしていて、〈アクネ〉のミュールはその中のひとつ。シンプルで一年中使えるし、ドレスアップのときも役立つ万能な一足。セールで買えてラッキーでした。**05**_〈ル・クルーゼ〉は結婚記念日に友だちからいただいたもので、ご飯を炊くときに使っています。〈バーミキュラ〉はハマっている“重ね煮”にぴったりのサイズ感。**06**_大好きなとんだ林 蘭さんからのいただきもの。手作り感がすごくかわいくて、中に書いてあるメッセージも意味深。アート作品として飾っています。**07**_ネックの高さがちょうどよく、レイヤードに最適。これがないとコーデが成り立たなくなった去年の冬、大急ぎでサイズ違いで2着買い足しました。**08**_紙の質感が洒落たクラッチバッグ。ずっと狙っていて、セールになっているのを発見して即ゲット！カジュアルにもモードにも合わせやすくて、ヘビロテしています。たくさん入るのも嬉しい。**09**_ハマりすぎて寝ても覚めてもリヴァイ兵長のことを考える日々が続き……。漫画もアニメも映画も全制覇。漫画は全巻揃え、何回も読み返しています。

10_ 2年前に購入して以来、着用頻度が高いフェイクレザージャケット。フード付きだから、かっちりしすぎずに着られるところがお気に入り。**11_** 和紙を使ったファブリックが気になって調べていたらヒット。肌に触れる部分の99.9%が和紙で作られていて着心地もいい！ 調べれば調べるほど和紙ってすごいんです！ **12_** もともとはギフト用でネットで見つけたけど、実際にショップで手に持ったら、マットな質感が美しくて……。その場で欲しくなり自分用も購入しました。**13_** 試供品で効果を感じたので、すぐに大容量のものをゲット。タブレットを溶かしたお風呂の中で頭皮や肌を揉みほぐすと、なぜか疲れが吹っ飛ぶ！ **14_** 絶妙な形とカラーリングは、霞をイメージして作られたもの。その名も“kasumi”！ あまりに気に入りすぎて、色・サイズ違いのものもお迎え。 **15_** ずっとリボン＝甘いというイメージがあったけど、これをつけてから開眼！ 大人っぽく甘すぎないアクセントとして、コーデによく取り入れています。 **16_** もともと別売りのアイテムだけど、セットアップで着ることが多いです。スタイリングも着心地もめちゃくちゃ楽ちんなのに、手抜きに見えない！ **17_** イギリスの美術館で見つけたピカソの塗り絵。塗り絵の対向に実際の作品が載っているのも面白い。絵を描くのが好きな妹にもプレゼントしました。 **18_** “絶対褒めてもらえる服”。フミエさんの作るレースアイテムが大好きで、ようやく手に入れられた大切な一着。おばあちゃんになってもずっと着る！ **19_** できるだけ洗剤を使わないようにしたい気持ちからたどり着いたマグちゃん。洗剤の代わりに洗濯機に入れるだけ。水を弱アルカリ性に変えて洗濯をサポートしてくれるそう。 **20_** モーニング娘。時代から愛用している〈コンバース〉。最初はダンスレッスンのために購入したけど、それから何足買い換えたかわからないくらい。歳を重ねてもずっと好き♡ **21_** エチケットとして持ち歩いている除菌スプレー。漢方薬局が作っているだけあり、天然由来成分&アルコールフリーで作られていて、お肌にも優しい。

10
JACKET
〈アイレネ〉のジャケット

11
UNDERWEAR
〈アンダーソン アンダーソン〉の下着

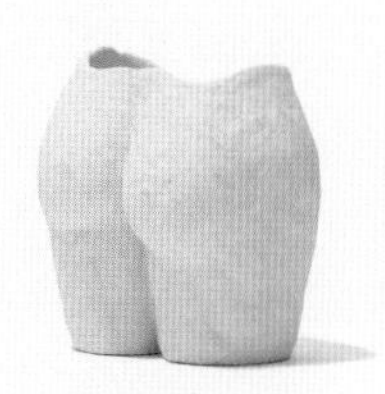

12
FLOWER BASE
〈アニッサ ケルミッシュ〉の花瓶

13
BATH BOMB
〈バース〉の入浴剤

14
PLATE
〈フレスコ〉の皿

15
RIBBON
〈クードル〉のヘアゴム

16
KNIT SET-UP
〈タン〉のトップス&ボトム

17
COLORING BOOK
〈ピカソ〉の塗り絵

18
LACE TOPS
〈フミエタナカ〉のレーストップス

19
MAG-CHAN
洗たくマグちゃん

20
CHUCK TAYLOR
〈コンバース〉のチャックテイラー

21
ANTI-BACTERIAL SPRAY
〈イエル〉の除菌スプレー

22
VEGAN COOKIE
〈オブゴベイカー〉の
ヴィーガンクッキー

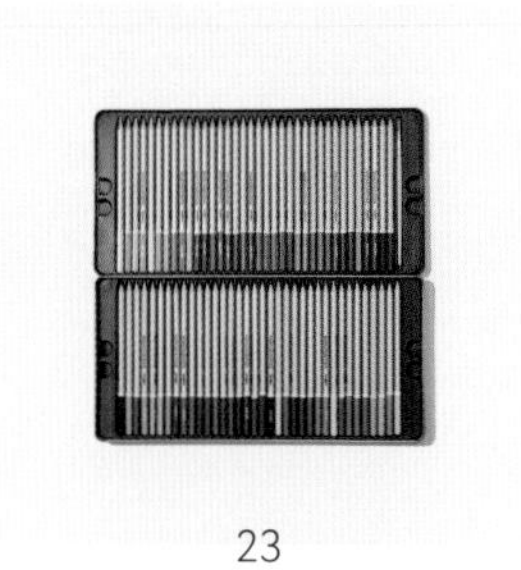

23
WATERCOLOR
PENCILS
アマゾンで購入した色鉛筆

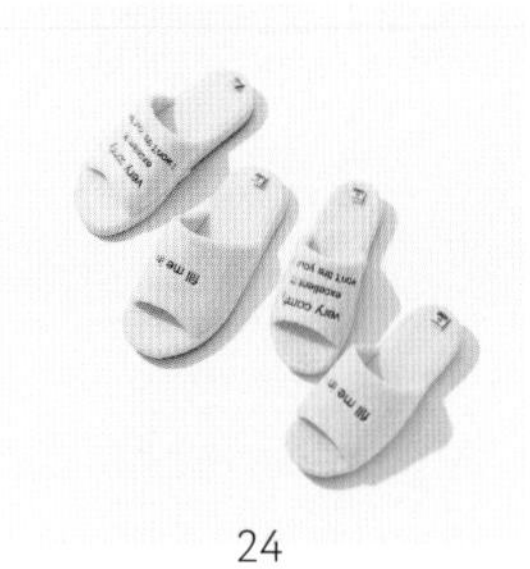

24
ROOM SHOES
〈ユーム〉の
ルームシューズ

25
PINK BOTTOM
〈ミュラーオブヨシオクボ〉の
パンツ

26
VELOR SANDAL
〈ジル サンダー〉の
ベロアサンダル

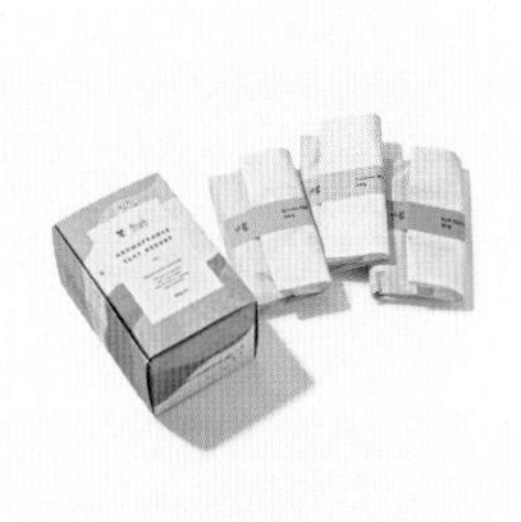

27
CLAY
〈アロマフランス〉の
クレイアソート

28
JACKET & VEST
〈シービーズ〉の
ジャケット&ベスト

29
RUG & CUSHION
〈ビーエフジーエフ〉の
ラグ&クッション

30
TOOTH PASTE
〈マービス〉の歯磨き粉

31
HAND BAG
〈ミュウミュウ〉のバッグ

32
NANO CARE
〈パナソニック〉の
美容スチーマー

33
SNEAKERS
〈オニツカタイガー〉の
スニーカー

22_オーガニック食材やグルテンフリーで作られたヴィーガンクッキー。どハマりしてしまい、まとめ買いをして冷凍保存し家に何枚かストック中。**23_**ステイホーム中に無性に塗り絵がしたくなり、ポチりました。水に濡らすと絵の具を塗ったようになるのが楽しくて、家でずっとやってしまいます……。 **24_**山田 優さんのブランドの展示会で、あべさんとお揃いでいただきました。ふっかふかの履き心地が気持ちよすぎて、毎日履いています。デザインもかわいい♡ **25_**コーデに迷ったらすぐ選んでしまうほど、トップスを選ばないボトム。甘いイメージがあるピンクだけど、これは光沢感もあって大人っぽく着られる！ **26_**長年愛用しているけれど、全然飽きない一足。上品な光沢感のあるベロア素材なので、ドレスアップするときに大活躍。しかもヒールが太くて歩きやすい！ **27_**〈アロマフランス〉のクレイが4種類セットになっているので、その日の気分によって使い分け。お風呂に溶かして入るだけで、すべっすべになります。 **28_**パンツも含めた3ピースで購入。セットで着るよりも単体で着ることが多くて、なかでもジャケットの出番が多め。余裕のあるシルエットが好きです。 **29_**インスタで見かけてファニーなデザインがかわいいなと思い、海外のサイトで購入。欲しいものがあったら、海外サイトまでくまなくチェックします！ **30_**実は最近歯磨き粉を使うのを控えているのだけど、どうしてもスッキリした気分になりたいときはこちらを愛用中。パッケージもかわいくてお気に入り。 **31_**去年いただいてからずっとヘビロテ中。名前を入れられるって聞いて、入れたのがまさかの「ABE」(笑)。もしこの先女の子が生まれたら受け継ぎたいと思っています！ **32_**久しぶりに購入したら、いろんな機能が搭載されていてアップデートっぷりにビックリ！ 主にクレンジングをするときに温めるスチーマー機能を愛用。 **33_**あべさんとお揃いのスニーカー。〈オニツカタイガー〉は履けば必ずお洒落になる！ お洒落な人はオニツカを上手にコーデに取り入れているイメージ。

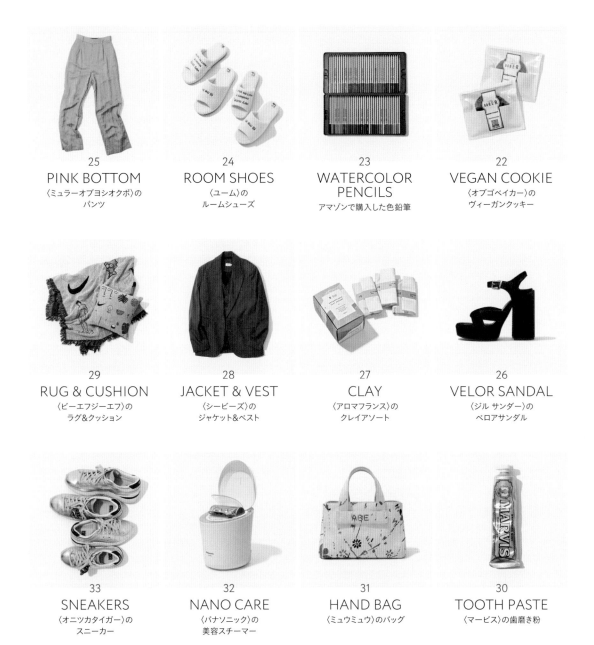

34 BUTTERFLY CHAIR
いただきものの椅子

35 ONE-PIECE
〈ルシェルブルー〉のワンピース

DETERGENT
〈エコストア〉の家庭用洗剤
36

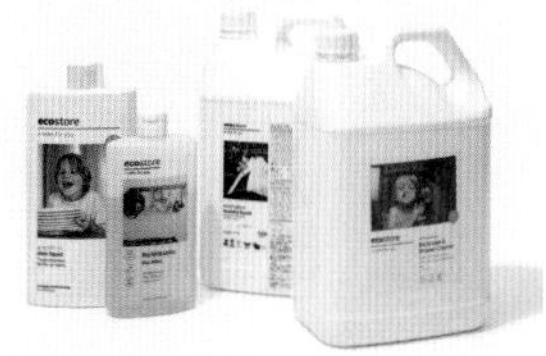

OWN BLAND “fukuu”
〈フクウ〉のルームウエア & インナーウエア
38

37 HEEL LOAFERS
〈グッチ〉のローファー

34_マンションを購入するときに、部屋に展示されていた椅子をそのままいただいちゃいました。ゆったり座れて、本を読むときなんかに最高！ インテリアのアクセントとしても利いてます。**35**_私服での収録がある日や、結婚記念日にも着ているほど大大大だ〜い好きなワンピース。 着すぎて背中が裂けてしまったのを、おばあちゃんに直してもらいました。これからもよろしく♡ **36**_食器、衣類、お風呂など、家で使う洗剤類はエコストアのもので統一。ボトルは捨てずにお店で新たに継ぎ足してもらうか、回収してもらうように。パッケージもお洒落なところがお気に入り。**37**_大好きないちごモチーフで、すべてがドンピシャ。海外のサイトを徘徊しまくりゲットした日には、思わずガッツポーズ（笑）。大事すぎて外では履けないけど、見るだけでテンションアップ。 **38**_着る人に福（fuku）を感じてほしいと、素材からデザインまですべてプロデュースしている〈fukuu（フクウ）〉のアイテム。着る人もそして地球も、みんながハッピーになるようにこだわりを詰め込んでいます。

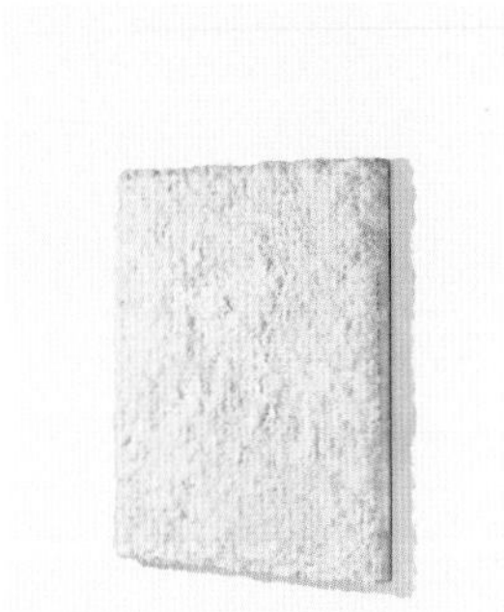

41

SOLT ART

〈Moeko Maeda〉の
アート作品

CAMERA

〈コンタックス〉のT3

40

KNIT

〈オーラリー〉のニット

39

44

PLUM SYRUP

自家製梅シロップ

43

BOOK

『アミ3度めの約束』

TRENCH COAT

〈アイレネ〉の
トレンチコート

42

39_初めて着たときにあまりに心地よくて、思わず長袖と半袖の2着買い！ ベーシックなベージュはどんなコーデにも合わせやすいので、一年中着ています。 **40_**T2が欲しかったけど見つからず、カメラマンさんのおすすめでゲットしたT3。去年のバースデーグッズで本を作ったときは、このカメラでガキさん（新垣里沙）との対談企画を撮影しました。フィルム独特の味が好き。 **41_**あべさんと私をイメージして作ってくださった、塩を重ねて表現したアート。ロスに行ったときに購入し、日本に送ってもらいました。パワーが続くよう、日の当たる場所に置いています♡ **42_**カラーもデザインもすべてがツボで、5年くらい愛用しているリバーシブルのトレンチコート。中にロング丈のものを着てもバランスよく着られます。 **43_**3部作の中で一番好き。アミを読んで自分の中にあった根本的なことが覆り、生きるのがさらに楽しくなりました。物語を残してくれてありがとう。たくさんの方にアミを読んでほしいです。 **44_**あべ家では恒例行事となっている梅シロップ作り。今年はふるさと納税の返礼品で届いたオーガニックの梅で作りました。炭酸水で割ったり料理に使ったりしていると、すぐなくなっちゃう！

48
KNIT BAG
〈スドーク〉のバッグ

47
CURRY
〈ピープル バイ コスメキッチン〉のレトルトカレー

46
STRAW HAT
〈エトレトウキョウ×マリホジャ〉の麦わら帽子

45
DENIM
〈スロー バイ スライ〉(右)と〈キン〉(左)のデニム

52
SUNGLASSES
〈ゾフ×スプリング×高橋 愛〉のサングラス

51
STRAWBERRY BAG
〈プラ ウズ〉(右)と〈スーザン・アレクサンドラ〉(左)のバッグ

50
KNEE-HIGH BOOTS
〈ザラ〉のニーハイブーツ

49
BOWL
〈ロンハーマン〉で購入したボウル

56
TEA DRIPPER
〈ハリオ〉のティードリッパー

55
POUCH
〈ご近所物語〉のポーチ

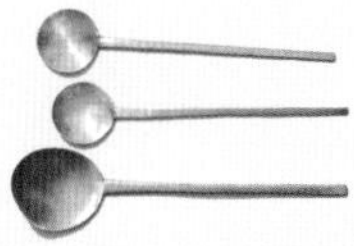

54
SPOON
〈ルー〉のスプーン

53
YOMOGI-MUSHI
〈ファンジン〉のよもぎ蒸しセット

45_最近よくはいているデニムたち。〈スロー バイ スライ〉は大人っぽい落ち着いたピンク、〈キン〉ははいたときのシルエットが美しくて購入。この2本は定番化しています。**46**_展示会でかぶってみたら、あまりのしっくり具合で即決。麦わら帽子ってほっこりしがちだけど、これは抜け感もあってシャープな印象でかぶれます。**47**_大好きなコスキチが作ったもので、ご飯を作る時間がないときにとにかく便利。たっぷり入ったスパイスの力で、体の中からポカポカ温まります。 **48**_最近気になるブランド〈スドーク〉のニットバッグ。大好きないちごも入っているし、この野菜たちがかわいすぎ♡ ちょっとそこまで行くときに愛用中。 **49**_ふらっと入った〈ロンハーマン〉で一目惚れし、サイズ違いで購入。ロサンゼルスの空のようなムードが美しすぎて。いろんな料理に合うので重宝しています。 **50**_数年前に購入してから、プライベートでも仕事でもよく履いているニーハイブーツ。特にライブで脚を出すときに大活躍。動いても落ちないフィット感が◎。 **51**_"いちごといえばわたし"というほど、大好きないちご! 大人でも持てる遊び心があるいちごグッズを見るとついつい買ってしまいます。 **52**_雑誌『SPRiNG』の企画で、〈ゾフ〉さんと一緒に作りました。手前味噌ながら、すっごく使えるんです! シアー感もラウンドの形も絶妙じゃないですか? **53**_「家でやりたい!」と思い購入したよもぎ蒸しセット。16万円と高価だったけど、通うよりもコスパがいいはず。終わったあとはスッキリして気持ちよし。 **54**_スタイリストさんと一緒に行った雑貨屋さんで見つけたスプーン。真鍮の風合いが素敵で、ハンドメイドだから1点1点表情が違うところも愛おしい。 **55**_〈スリーコインズ〉で限定で売っていることを、当時のマネージャー・ぱっしーから教えてもらい、すぐお店に走って3つゲット! クッション入りなのでコスメの持ち運びに活躍中。 **56**_お寿司屋さんで使っているのを見たときに、まるでアトラクションのようにお茶ができていく姿に感動。メーカーを聞いてその場でポチりました(笑)。

57_大好きなエスター・キムさんのぬいぐるみ。韓国ブランドのchuuとコラボしたもので、韓国に行ったときに購入。大人っぽいくすみピンクに♡ **58**_ボリューム感のあるショルダーが好き！〈ホリデイ〉は女性らしさをプラスしたいときに、〈リーバイス〉のヴィンテージはメンズライクにと使い分けています。 **59**_寝かせ玄米って美味しいけれど、自分で作るとなると結構手間がかかる。なのでこちらのパックをリピ買い中。味もたくさん選べるし、とにかく美味しい♡ **60**_『進撃の巨人』ファイナルエキシビションでの戦利品。実は普段使い分と一緒に保存用も購入しています（笑）。それにしてもリヴァイ兵長、かっこよすぎません!? **61**_目が覚めるような鮮やかな赤に吸い込まれ、気づいたら手が伸びていました。実はセールで2万円ほどで購入したもの。衣装としてもよく使っています。 **62**_リンゴのころんとしたフォルムとサイズ感がかわいい置物。ペーパーウェイトとしても使えるけど、ただ置いてあるだけで絵になる存在感がお気に入り。

63_300円で購入したときは手のひらサイズだったのに、いつのまにか高さ30cmほどに成長した〈ダイソー〉で購入したパキラ。家には常に植物や花を絶やさないようにしています。 **64**_オールドコーチを彷彿とさせる、ヴィンテージっぽいデザインが素敵なバッグはいただきもの。刺しゅうで名前も入れていただいた、スペシャルデザイン♡ **65**_〈コストコ〉でまとめ買いしている炭酸水の空き瓶がかわいすぎて、捨てずにキープ。一輪挿しとして、トイレやちょっとしたところに置いて活用中。 **66**_ラジオのゲストにデザイナーさんが来てくださり、ジョジョサンダルの虜に。姿勢を矯正してくれるゆびまたを履きこなすには、思いのほか体力が必要。 **67**_特有のクセがあまりなくて、そのままでも美味しいオーガニックの豆乳。チャイや料理を作るときの必需品。常に家に2～3本はストック。 **68**_毎年購入しているゲッターズ飯田さんの本と手帳。手帳には日記やアイデア、思ったことをメモしていて、年末に答え合わせ的に見返すと面白い！

60
LOVE♥ LEVI
『進撃の巨人』の
エキシビショングッズ

59
BROWN RICE
〈結わえる〉の
寝かせ玄米®ごはん

58
DENIM JACKET
〈ホリデイ〉の
デニムジャケット

57
ESTHER BUNNY
〈エスターバニー〉の
ぬいぐるみ

64
BAG
〈コーチ〉のバッグ

63
PLANT
〈ダイソー〉で購入したパキラ

62
POTTERY
リンゴの置物

61
PUMPS
〈セリーヌ〉のパンプス

68
BOOK & DIARY
〈ゲッターズ飯田〉の
五星三心占い

67
SOY MILK
〈タニタ〉の豆乳

66
YUBIMATA
SANDALS
〈ジョジョ〉のゆびまたサンダル

65
WATER BOTTLE
〈サンタニオル〉の
空き瓶

70

69

69 — ALL-IN-ONE

〈タン〉のオールインワン

展示会でデザイナーさんが着ている姿を見て一目惚れ。洒落ているだけじゃなくて着心地も最高！ 合わせる靴によってウエストの位置を変えて楽しんでいます。

70 — LOVE! TOGA!

〈トーガ〉&〈トーガ プルラ〉の靴

鈴木えみさんが履いていたことがきっかけで、手に入れた〈トーガ〉のサンダル。そこから虜になり、様々なタイプのものを揃えました。難しそうに見えて実はコーデを選ばず、足元に取り入れるだけでハンサムに引き締まる。〈トーガ〉の靴を履くときは、ガラスの靴に足を通すような感覚。それくらい大事なコレクションです。

BEAUTY PRODUCTS

DIALY MAKE-UP & SKIN CARE, HAIR CARE, BODY CARE, NAIL & AROMA......

(BASE)

A

START!

STEP 1

カラーメイクベースで肌の色を整える

まずは、下地・UV・保湿美容液が一体になった〈ムー〉カラーチューナーで肌の色を補正。赤みをおさえてくすみをカバーしてくれる、ペールブルーを愛用。一気に肌がみずみずしくなる！

STEP 2

クッションファンデを小鼻と目の下にのせる

仕上がりが好きすぎて何個もリピ買いしている、〈ファミュ〉エバーグロウクッション（ライブベージュ）を、小鼻と目の下だけに軽くたたきながらのせる。

(EYE) (EYEBROW)

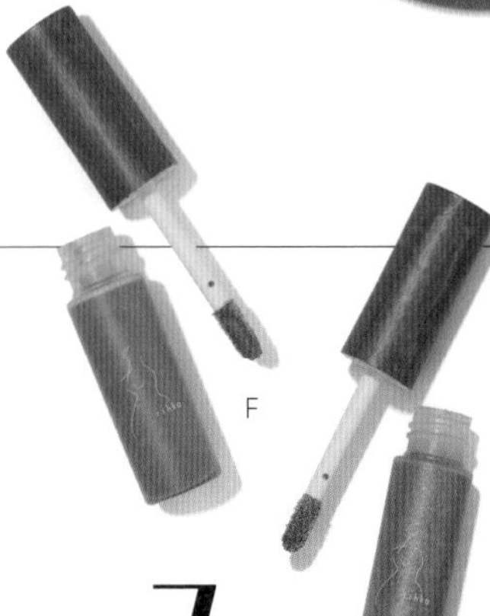

F

E

D

STEP 7

目元にアイシャドウを指とチップでなじませる

今いちばん愛用しているアイカラーは D_〈スック〉シグニチャー カラー アイズ（106 冴樹）。左上のカラーをまぶた全体に指でなじませ、左下のカラーを付属のチップで目の下に入れる。透明感をアップしたいときは、E, F_〈リーカ〉プランプ アイポリッシュの006、もしくは007をまぶたにのせて、指で軽くたたきながらなじませる。G, H_プロデュースさせていただいた〈アイムミクス〉のアイシャドウもマイ定番のひとつ。今の気分をカラーで表現したもの。

3色のパウダーを混ぜてアイブロウを筆でのせる

〈セルヴォーク〉インディケイト アイブロウパウダー（EX01）の、下2色をメインに3色混ぜて、付属の筆で眉にのせていく。

STEP 6

DAILY MAKE UP

INTRODUCING
THE STEPS TO
MAKE-UP METHODS
WITH AI'S FAVORITE COSMETICS.

(POINT)

STEP 3

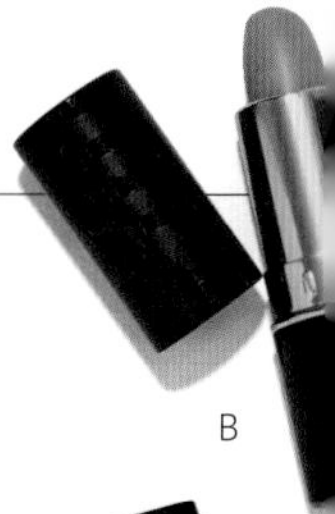

B

気になるところを コンシーラーで隠す

ニキビや傷など、ピンポイントで隠したいところはコンシーラーで。**A**_〈セルヴォーク〉リレイトスキン コンシーラー(01)、**B**_〈ビズゥ〉エンハンシングスティック(エメラルドグリーン)、**C**_〈ディオール〉ディオールスキン フォーエヴァースキンコレクト コンシーラーをその日のコンディションで使い分け。ディオールのコンシーラーは0Nニュートラルと1Nニュートラルを混ぜて使っています。

C

STEP 4

肌のフィニッシュはパウダーで仕上げ

仕上げに使うのは、〈ナーズ〉ライトリフレクティングセッティングパウダー プレストN(トランスルーセントクリスタル)。肌なじみがよく、少しパールが入っているので、パウダーでもツヤ感がありマットになりすぎないところが◎。

STEP 5

ミネラルアイバームで 部分的にツヤ感を足す

〈エトヴォス〉ミネラルアイバーム(レモネードイエロー)を、目尻、鼻筋、上唇の上にのせてツヤ感をプラス。本来はアイバームだけど、いろんな場所に使える。

(LIP)

STEP 8

ビューラーでまつ毛を 少し上に向く程度に上げる

長年愛用している〈マキアージュ〉のエッジフリー アイラッシュカーラー。ごく自然に見えるくらい、まつ毛を上向きに。

G

STEP 9

カラーマスカラで目元に 洒落たニュアンスをプラス

今っぽいニュアンスのある目元に仕上げてくれる〈リカフロッシュ〉メガ・ステッキ(04 サクラポーション)を2度塗り。大人っぽいピンクカラーがお気に入り。

H

STEP 10

GOAL!

仕上げは大人っぽい マットリップをひと塗り

マットだけど抜け感も出る、ピンクの〈セルヴォーク〉エンスロール マット リップス(02)で仕上げ。色落ち・色移りしにくいから、マスクをつけているときも安心。

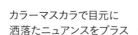

(EVERYDAY)

その日のコンディションによって何もしない日もあったり使うものは違うけど、スタメンはこの5つ！ 化粧水はとろみがあるのにさっぱりした使用感で、エイジングケアにアプローチしてくれる01。翌日の肌のハリが全然違う04をしっかりと浸透させ、気分によって月桃の香りが心地よい02や、抗酸化作用のある03を乳液前にプラス。フィニッシュで使う乳液は、かれこれ7〜8年は愛用している05。

01_〈ソフィスタンス〉フローレス **02_**〈ルハク〉月桃 ナイトリペアオイル **03_**〈カルナ〉カルナリッチ CBD100 エッセンス **04_**〈エリクシール〉デザインタイム セラム **05_**〈モイスティーヌ〉ファーミングセラム

SKIN CARE

DAILY CARE,
TIME SAVING & SPECIAL CARE,
CARE WHEN DAMAGED.

(TIME SAVING)

とにかく時間がないっていうときは、〈イカウ〉のスキンケアオイル1本だけで済ませちゃう。オイルなのにベタつかず、ふっくらもちもち。翌日はきめ細かな肌に。顔やボディだけでなく髪にも使えるから、お風呂から上がったらこれを頭から足の先まで塗って終了！

〈イカウ〉スキンケアオイル

(DAMAGE)

ダメージを受けたときの救世主。ニキビや季節の変わり目で肌が不安定になったときは01。02は石井クリニックで処方してもらったもの。乾燥と皮膚常在菌のバランスを調整して、最高の肌の状態に導いてくれます。03のクマザサエキス配合のクリーム、本当にすごい！ 吹き出物や虫さされ、あらゆる肌トラブルにこれ1本で対応してくれます。

01_〈モイスティーヌ〉アクノセラム **02_**〈石井クリニック〉のフィンギーマスク® **03_**〈鳳凰堂〉オレノデ・バン クリーム G

(SPECILAL)

スペシャルケアとして使っているのは、主に4つ。洗顔のあと、02を顔全体になじませ、01で無刺激マッサージをして洗顔だけでは取りきれない汚れを浮かせて取ります。03はリッチな気分になるマスク。実際1枚約1,000円と高価なので、夜にマスクをした残りの液を翌日の朝にも使っています（笑）。明らかに表情が疲れているときには04！ 頭、顔、首、肩まで念入りにこのブラシをあてています。

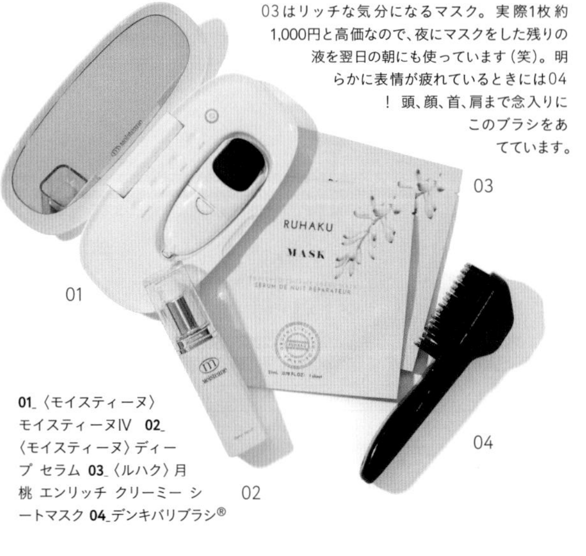

01_〈モイスティーヌ〉モイスティーヌⅣ **02_**〈モイスティーヌ〉ディープ セラム **03_**〈ルハク〉月桃 エンリッチ クリーミー シートマスク **04_**デンキバリブラシ®

HAIR CARE

SHAMPOO, OIL,
MASSAGE, ACCESSORY...
AND MORE!

SCALP ESSENCE
〈アヴェダ〉の
インヴァティ
アドバンス
02

HAIR ACCESSORY
〈プリュイ〉のヘアピアス
01

BRUSH
〈ウカ〉のスカルプブラシ
03

HAIR ACCESSORY
〈プリュイ〉の
ヘアアクセサリー
04
05

HAIR COAM
〈プリュイ〉のヘアコーム
06

10
OIL
〈オーバイエッフェ〉の
リッチオイル

09 08
SHAMPOO & CONDITIONER
〈ダヴィネス〉のシャンプー&コンディショナー

07
HAIR WATER
〈センス・オブ・ヒューモア〉の
ボヘミアンシーウォーター

01, 04, 05_ 大好きな〈プリュイ〉のヘアアクセサリー。存在感があるのでピアス代わりに髪につけることが多いです。 **02_**〈アヴェダ〉のインヴァティ アドバンス ヘア&スカルプエッセンスで頭皮ケア。週に1度くらい、直接頭皮にスプレーして指で揉み込みます。スッキリ！ **03_**湯船に浸かりながらマッサージ感覚で使っている、〈ウカ〉のスカルプブラシ ケンザン ソフト。めっちゃ気持ちいい♡ **06_**ヘアアーティストであり、〈プリュイ〉のデザイナーでもあるYuyaさんからいただいたヘアコーム。名前も入れてくださったんです！ **07_**パーマをかけた髪のスタイリング剤といえば、〈センス・オブ・ヒューモア〉のボヘミアンシーウォーター。ニュアンスのある束感が出て、アレンジがしやすくなります。 **08, 09_**ステイホーム中に自分でカラーをするために購入した〈ダヴィネス〉のアルケミック シャンプー&トリートメント。カラーはチョコレートを愛用。自然なダークブラウンをキープしてくれます。 **10_**〈オーバイエッフェ〉のリッチオイルは、ドライヤー前に髪になじませて。指通りがサラサラになるのと、とにかく香りが好きで幸せな気持ちに。

BODY CARE

PRODUCTS THAT MAKE MY BODY HAPPY

01_ ペースト状のクレイで、全身に塗ってマッサージしながら使っています。ツルツルになるだけでなく、スーッとしたメンソール感もあって筋肉痛とか肩こりにも効く！ 気に入りすぎてまとめ買いしています。 **02_** 湿布感覚で全身に使っているCBDクリーム。ピープルで気になって購入後、試しに痛いところに塗ってみたら治りが早くてびっくり。以来、信頼しきっています。プロアスリートの方々も愛用していると聞いて納得。**03_** ネイル落としは〈サンデイズ〉のものをずっとリピ買い。大豆由来のヴィーガン処方で作られていて、肌や爪に優しいのにすっごくよく落ちるんです。しかも精油が配合されているから、潤いたっぷりで乾燥知らず。 **04_** スーパーポジティブ（右）とスーパーバウンシー（左）のどちらの香りも好きで、気分によって使い分け。100%精油調合でできていて、洗い上がりしっとり。お風呂の中でハッピーな気持ちになる香り。**05_** 〈アロマバシィー〉を好きになるきっかけになったボディケアオイル。リラックスしたいときに全身に塗ったり、お風呂に入れて入浴剤代わりにしたり。特にピースフルフレッシュの香りが好きで、業務用サイズで購入。

01 — CLAY
〈アルジタル〉の
グリーンクレイペースト

02 — CREAM
〈メディテラ〉の
CBDクリーム

03 — NAIL REMOVER
〈サンデイズ〉の
ソイ ポリッシュ リムーバー

04 — SOAP
〈ザ パブリック オーガニック〉の
精油ボディソープ

05 — BODY CARE OIL
〈アロマバシィー〉のボディケアオイル

01 — rihka
02 — OSAJI
03 — THREE
04 — sundays
05 — green
06 — NAILS INC

NAIL

HOW TO MAKE AI STYLE NAIL DESIGN.

セルフネイル大好き！ 自粛期間中に編み出したのは、何色も重ねて作るマーブルデザイン。好きなカラーをインスピレーションで塗っていくだけだけど、上手に見えるキーカラーはホワイトとラメ。ホワイトは仕上げに、ラメのベースは仕上げにちょんと塗ればなんとなく洒落感が出る魔法のカラーです。

01_ 〈リーカ〉ネイルポリッシュ リーカ **02_** 〈オサジ〉アップリフト ネイルカラー 24 路地裏 **03_** 〈スリー〉ネイルポリッシュ 116 LIFE AWAKENER **04_** 〈サンデイズ〉ネイルポリッシュカラー No.30 セージグレー **05_** 〈グリーン〉ナチュラルネイルカラー ゴールド **06_** 〈ネイルズ インク〉45 セカンド スピーディ ファインド ミー イン フルハム

AROMA

AROMA HOLIC
ANYTIME, ANYWHERE……

01_ 最近お香ブームが再燃していて、〈アスティエ〉にお香たてを買いに行ったときにお香も一緒に購入。火を灯して香りが充満すると空気が浄化されて、悪いものを落としてくれる気がします。 **02_** 玄関に置いているので、帰ってくるたびに癒やされる香り「チャクラーサナ」。実はこの香りのルームフレグランスは廃番になってしまい、知った瞬間に10個くらいまとめ買いしました！ **03_** 今日はゆっくり眠りたいなと思ったときに、枕にシュッとひとふき。セージとネロリの香りが心地よくて、ストンと一瞬で眠りにつけます。美容家の福本敦子さんにプレゼントしていただいたもの。 **04_** 心を落ち着けたいときや気分転換したいときにシュッとすると、フレッシュな香りで前向きな気持ちになる！ 旅行に行くときにも必ず持っていきます。 **05_** 〈アロマパシィー〉の開発者・Miyukiさんがプレゼントしてくださった〈ナチュラルメソッド〉のオイルセット。その日の気分によって、夜寝る前にディフューザーで部屋に香りを拡散すると、ぐっすりと深い眠りに。 **06_** 〈アロマパシィー〉さんとコラボして作った2つの香り。ラベルの絵は妹が描いてくれました。どちらも肌にコロコロするだけで、瞬間パワーチャージ！ 常にポーチに入れて持ち歩いています。 **07_** メイクをするときに洗面所にひとふきし、気分を高めるために使っています。「パチュリ・ラベンダー・バニラ」の甘いのにさわやかな香りが、女性らしさを引き出してくれる気がします。

01 — INCENCE
〈アスティエ〉のお香&お香たて

(FOR SLEEP)

03
PILLOW MIST
〈ザ パブリック オーガニック〉の
精油ピローミスト

(FOR ROOM)

02
ROOM FRAGRANCE
〈シロ〉のルームフレグランス

04
AROMA SPRAY
〈アロマパシィー〉のアロマスプレー(右)と
〈ポハラ〉のエネルギーミスト(左)

ESSENCIAL OIL
〈ナチュラルメソッド〉のエッセンシャルオイル
05

(FOR MENTAL)

PERFUME
〈サボン〉のオードトワレ
— 07

(FOR MAKE-UP)

06
ROLL-ON AROMA
〈アロマパシィー〉の
ロールオンアロマ

LOOK BOOK

100 DAYS OF AUTUMN, WINTER, SPRING, SUMMER

AUTUMN & WINTER

day (001) —— (012)

（**001**） tops & skirt_UNIQLO　bag_WCJ　shoes_Maison Margiela （**002**） one-piece & pants_haco!　belt_TOGA PULLA　shoes_Dr.Martens （**003**） tops_H&M　pants_BEAMS　bag_Acne Studios　shoes_Dr.Martens （**004**） tops_Little Sunny Bite　cap_NEW ERA （**005**） outer_UNIQLO　knit_ZARA　hat_NEW ERA　bag_beautiful people （**006**） tops_ETRE TOKYO inner & pants_FREAK'S STORE （**007**） outer_LOWRYS FARM　one-piece & bag_beautiful people　hat_ACTUS　shoes_Maison Margiela （**008**） jacket, tops, pants & shoes_H&M （**009**） outer_EVRIS　pants_ViS　bag_A.P.C.　shoes_Chloé （**010**） knit_ZARA pants_SHIMAMURA （**011**） outer_LAGUA GEM　T-shirt_Little Sunny Bite　pants_irojikake （**012**） outer_haco!　bag_SIWA

AUTUMN & WINTER

day (**013**) —— (**025**)

（**013**） one-piece_mother pants_TAN bag_TOGA PULLA shoes_Maison Margiela （**014**） cardigan_mother one-piece_haco! （**015**） outer_haco! tops_H&M overalls_Avail hat_La Maison de Lyllis shoes_Dr.Martens （**016**）cardigan_Mediam pants_Bershka shoes_AMERICAN RAG CIE （**017**） jacket_LAGUA GEM tops_Ming-Teng HAOHAO pants_OSHIMA REI cap_NEW ERA shoes_MOONSTAR （**018**） outer_LOWRYS FARM tops_TAN pants_OSHIMA REI shoes_CAMPER （**019**）tops_OSHIMA REI pants_H&M （**020**） one-piece_G.V.G.V. shoes_Maison Margiela （**021**）tops_TONDABAYASHI RAN pants_irojikake shoes_PUMA （**022**） tops & pants_JEANASIS shoes_ Onitsuka Tiger （**023**） tops_UNIQLO pants_JOHN LAWRENCE SULLIVAN （**024**） outer_Acne Studios pants_Ungrid hat_merry jenny bag_WCJ （**025**） outer_KIN tops_styling/× WIND AND SEA pants_UNIQLO shoes_MIU MIU

AUTUMN & WINTER

day (026) —— (037)

(**026**) tops_AMOMENTO skirt_LEINWANDE bag_BOTTEGA VENETA shoes_Maison Margiela (**027**) outer_ HONEY MI HONEY tops_Paloma Wool pants_nimiru shoes_Maison Margiela (**028**) outer & skirt_IRENE tops_Paloma Wool bag_Syncs.Earth shoes_TOGA PULLA (**029**) cardigan_ Acne Studios tops_CHERIE pants_UNIQLO bag_AMOMENTO shoes_Maison Margiela (**030**) overalls_SLY tops_beautiful people belt_TOGA PULLA bag_Onitsuka Tiger shoes_Maison Margiela (**031**) shirt & pants_nimiru bag_GREGORY (**032**) overalls_TODAYFUL bag_PORTER shoes_Maison Margiela (**033**) shirt_H&M knit_haco! pants_CREDONA shoes_TOGA PULLA (**034**) cardigan_TAN tops_JANE SMITH pants_Ungrid (**035**) tops & shoes_TOGA PULLA pants_MAISON SPECIAL (**036**) one-piece_TAN shoes_Maison Margiela (**037**) one-piece_FREAK'S STORE tops_haco! shoes_JEANASIS

AUTUMN & WINTER

day (038) —— (050)

(**038**)outer_yuw pants_SERGE de bleu bag_LAGUA GEM shoes_Maison Margiela (**039**) outer_THE NORTH FACE tops & pants_CLANE shoes_ZARA (**040**) cardigan_Acne Studios one-piece_TODAYFUL shoes_STEVEN ALAN (**041**) outer_HOLIDAY tops & cap_NEW ERA pants_SHIMAMURA bag_MARNI shoes_SUICOKE (**042**) tops_CLANE pants_UNIQLO shoes_CONVERSE (**043**) outer_UNIQLO tops_NEW ERA pants_STUNNING LURE shoes_Maison Margiela (**044**) tops_nimiru skirt_MAISON SPECIAL shoes_STEVEN ALAN (**045**) outer_muller of yoshiokubo one-piece_TODAYFUL shoes_ZARA (**046**) cardigan & shoes_Maison Margiela tops_NEW ERA skirt_AKIRANAKA (**047**) outer_MM6 Maison Margiela tops_NEW ERA skirt_LEINWANDE shoes_Reebok (**048**) shirt_OSHIMA REI pants_SERGE de bleu sandals_LAGUA GEM (**049**) tops_MILKFED. pants_DHOLIC hair accesory_3COINS shoes_MIU MIU (**050**) jacket_seesbees one-piece_CASA FLINE tops_beautiful people bag_FENDI shoes_ZARA

SPRING & SUMMER

day (**051**) —— (**062**)

(**051**) tops_ZARA pants_IRENE (**052**) tops_MILKFED. one-piece_LE CIEL BLEU cap_NEW ERA shoes_MIU MIU (**053**) T-shirt_NEW ERA pants_GU sandals_CHANEL (**054**) tops & pants_UNIQLO bag_beautiful people shoes_Onitsuka Tiger (**055**) tops_SNIDEL pants_VINTAGE hat_STYLENANDA choker_THE Dallas belt_TOGA shoes_Buffalo LONDON (**056**) tops_UNIQLO one-piece_jouetie shoes_Dr.Martens (**057**) one-piece_BEAMS BOY (**058**) tops_PAMEO POSE pants_6(ROKU) BEAUTY & YOUTH UNITED ARROWS bag_TOGA PULLA shoes_Onitsuka Tiger (**059**) T-shirt_styling/ pants_HONEY MI HONEY sunglasses_Zoff × SPRiNG × AI TAKAHASHI (**060**) tops, inner & pants_Ungrid (**061**) shirt_bought at KOREA T-shirt_merry jenny pants_JOHN LAWRENCE SULLIVAN shoes_Dr.Martens (**062**) tops_not lonely pants_muller of yoshiokubo

SPRING & SUMMER

day (**063**) —— (**075**)

(**063**) shirt_CLANE T-shirt_UNIQLO pants_FREAK' S STORE sandals_Dr.Martens (**064**) one-piece_Little $uzie inner_TODAYFUL pants_Ungrid sandals_AMOMENTO (**065**) T-shirt_LOEWE pants_20,000,000 fragments sandals_NIKE (**066**) T-shirt_NEW ERA skirt_CLANE bag_Maison Margiela sandals_THE ROW (**067**) one-piece_IKUMI hat_NEW ERA bag_NO COFFEE sandals_H&M (**068**) outer_MAISON SPECIAL pants_SLY sandals_Simon Miller (**069**) T-shirt_MARNI pants_H&M hat_LOEWE (**070**) one-piece_KIN cardigan_Ungrid sandals_Dr.Martens (**071**) vest & pants_ZARA T-shirt_irojikake sandals_CHANEL (**072**) one-piece_jouetie bag_JOURNAL STANDARD sandals_FENDI (**073**) shirt_GU skirt_NAIFE shoes_CAMPER (**074**) T-shirt_NEW ERA skirt_LE' WORKWARE' shoes_ASICS (**075**) tops & pants_EVRIS

SPRING & SUMMER

day (**076**) —— (**087**)

（**076**）one-piece_jouetie hat_NEW ERA sandals_AMOMENTO （**077**）one-piece_fukuu bag_LOEWE sandals_CAMPER （**078**）overalls_mother hat_NEW ERA bag_Maison Margiela, Aiuy shop sandals_THE ROW （**079**）tops_BASERANGE pants_BED&BREAKFAST hat_CONTROL FREAK bag_AMOMENTO sandals_Paloma Wool （**080**）one-piece_Sister Jane bag_FENDI shoes_Maison Margiela （**081**）shirt & pants_WCJ hat_La Maison de Lyllis bag_KEITA MARUYAMA sandals_TOGA PULLA （**082**）one-piece_i inner_PEACH JOHN hair accessory_FENDI （**083**）shirt_FREAK' S STORE pants_UNIQLO bag_NEW ERA sandals_Onitsuka Tiger （**084**）tops_IRENE pants_muller of yoshiokubo （**085**）tops & pants_TAN shoes_Maison Margiela （**086**）tops_NEW ERA pants_Lautashi bag_MM6 Maison Margiela shoes_Maison Margiela （**087**）knit_TAN T-shirt_LOEWE pants_fukuu shoes_Maison Margiela

SPRING & SUMMER

day（088）—（100）

（**088**）tops_FUMIE TANAKA pants_UNIQLO bag_JIL SANDER sandals_OOFOS （**089**）one-piece_ViS bag_CLOUDY shoes_MM6 Maison Margiela （**090**）T-shirt_nimiru pants_UNIQLO bag_MARNI shoes_Reebok （**091**）shirt & skirt_Torico sandals_TOGA PULLA （**092**）knit_JIL SANDER pants_Lautashi belt_TOGA PULLA bag_bought at ESCAPERS shoes_Maison Margiela （**093**）setup_fukuu outer_Mediam sandals_Maison Margiela （**094**）shirt & pants_nimiru hair accessory_COUDRE sandals_Alexander Wang （**095**）one-piece_H&M sandals_FENDI （**096**）tops_AURALEE overalls_STYLEMIXER bag_FENDI necklace_apart by lowrys hair accessory_POTETE shoes_Maison Margiela （**097**）tops & pants_EMODA sandals_OOFOS （**098**）T-shirt_UNIQLO pants_JEANASIS belt_Maison Margiela necklace_Pura Utz sandals_OOFOS （**099**）tops_Little $uzie skirt_H&M bag_MARC JACOBS shoes_Dr.Martens （**100**）knit_TAN one-piece_UNIQLO shoes_Acne Studios

FAMILY TALK

AI, YUI, MOM TAKAHASHI FAMILY CLOSS TALK.

一次審査のときから受かるかも!?って思っていた（MOM）

──まずはオーディションを受けた当時のことから伺いたいのですが、ご家族のみなさんは愛さんが選ばれると思っていましたか？

M いやいやいや(笑)。

Y 私、受かるまで知らなかった。ママも愛ちゃんも最近いないな～と思っていたら、受かって帰ってきて、私とお父さんで聞かされて、「え!」って(笑)。

A 1次審査が終わったあとに、ママが「受かるかもしれん」って言ったんだよね。私は「受かんないよ」って言うんだけど、「愛ちゃんをずっとカメラで追っかけてたの!」って。

M そうそうそう(笑)。

A 私はみんなを撮っていると思ってて。緊張もしているから「何言ってんの?」としか思っていなかったけど、2次も受かって「ほらー!　どうしよう!」ってママが先に悩んでいた(笑)。

M ここまで来たらみたいな気持ちだったし、イベントに参加しているみたいだった(笑)。

──福井でもオーディションの模様はリアルタイムで放送されていたんですか？

A 福井は放送が遅れていて。

Y 放送が始まる前に、ニュースでみんな結果を知っちゃっていて。

M 新聞に載って、学校から電話がかかってきた。「本当ですか?」って。

Y しかも夏休み中だったよね？　だから夏休み明けに学校に行くのが若干怖くて。愛ちゃんが中3で私は中1だし。そんなに友だち関係を築けてないときに決まったから、ヤバい!　どうしようみたいな(笑)。

M しばらくはおばあちゃんが愛ちゃんと上京して、私はゆいちゃんと福井で生活して、みたいな形で。

Y そうそうそう、ずっと送り迎えをしてもらって。学校の外の人たちも見に来たりしたんですよ。

──やっぱり、大変でしたか？

Y まあまあ、大変でした(笑)。

──芸能人の姉妹ならではの悩みもありそうですよね。

Y そうですね。だからか、愛ちゃんと同期の妹同士はみんな仲がよくて。

M みんな、妹さんがいたんだよね。同じような年代で。

Y ガキさん(新垣里沙)の妹だけ年が離れていて、ちっちゃかったから連絡は取れなかったけど、3人はみんなで連絡を取り合って。

A そうなんだ!　初めて聞いた。

M 悩みが同じというかね。

A 3人にしかわかんないこともあるよね。

Y でもイヤなことを話す感じはあんまりなくて、みんなポジティブだから「この前こんなことあってさー!」みたいなノリだった(笑)。そこから6期が入って、さゆ(道重さゆみ)のお姉ちゃんとか、(亀井)絵里の妹ともごはんを食べたり。

A そうだったんだ!　知らない!

Y 知らないんだ(笑)!　お母さん同士も仲いいからさゆの家に集まってごはんを食べたり、愛ちゃんたちの仕事が終わるのを待つあいだにみんなでごはんを食べに行ったり。

M 懐かしい～(笑)!

──愛さんがテレビなどで活躍する姿をご家族はどう見ていたんですか？

Y 「あ、愛ちゃんだ」くらい(笑)。

M 私はミーハー(笑)。録画しておじいちゃん、おばあちゃんと見たり、コンサートも大好きだったから。もう親戚一同で行って。

A おじいちゃんが勝手にファンの人と交流して、それだけならいいんですけど、「高橋愛がうちの孫だ」って言っちゃうんです(笑)。かわいいんですけど、その当時は「やめてよ!　恥ずかしいじゃん」って思っていました。

Y おじいちゃんとおばあちゃんと海外に旅行に行ったことがあるんですけど、そのときも同じグループにいた家族に「うちの孫は……」って話し始めて、「言っちゃうの～?」って思った(笑)。

M おじいちゃんは自慢したくてしょうがない。いまだに嬉しくて嬉しくて。

──愛さんはご家族が応援してくださるのは嬉しかった？

A そうですね。最初、お父さんは反対というか、芸能界を信用してないと言っていたので、ポスターを貼ってくれたりしたのは信じられなかった。でも嬉しかったですね、単純に。

Y あれは意地っ張りというか、なんというか(笑)。

A コンサートも来てくれたもんね。でも私が家族のことを何でも話しちゃうから、イヤだって言われたことはあるよね(笑)。そのときは子どもだったから、そうやって私が話すことで家族の関係が悪くなるとか想像もつかなかったんですよ。何か話すことないかなって思うと、やっぱり家族の話になっちゃったし、だって嘘じゃないじゃんくらいにしか思ってなかったから。今思えばその気持ちもわかるし、気づけなかったこともあったなって。

Y 私なんて愛ちゃんとのケンカを舞台でネタにされたから、「ちょっとー!」って思っていた(笑)。

──ゆいさんは大人になるにつれて、愛さんに対して感じることや学校でのことなど、気持ち的な変化はありましたか？

Y 私、精神的に強くて(笑)、他の学年の人が来ても「やめてもらっていいですか?」って普通に言っちゃうので。

M ゆいちゃんのお友だちがすごく守ってくれていた。それがすごく大きかったと思う。

Y そう、友だちが守ってくれたり、あとは仲のよかった友だちが愛ちゃんのことが大好きで、モーニング娘。に加入する前から手紙を渡していたんですよ。

A 合唱部のコンクールとか、女の子から手紙をもらうことは多かったんですよ。

M 結構あったね。

Y その友だちと体育の授業でモーニング娘。の曲を踊ったりしてた(笑)。

A それはすごく嬉しかった。普通、お姉ちゃんのグループだったら聴きたくない!　とか思いそうじゃないですか。そうじゃなくて踊っていたとか、カラオケでよく歌っていたって聞くと「ありがとね……」って。

Y 推しもいたしね。

A あ、そうなの？

Y 絵里!

A そうなんだ(笑)!　ウケる!　今、暴露した!

Y やぐっちゃん(矢口真里)から入って、辻(希美)ちゃんにいって。

A そうだよね、のんつぁんは知ってる。

Y 愛ちゃんにいきーの。

A いったんだ(笑)。

Y 絵里が入ってからはずっと絵里。

A 私から絵里に行く人、多かった(笑)。でも絵里と一緒に遊んだり、ごはんを食べたりもしてたよね？

Y してた!　でも私、口に出さない派だから、心の中で「かわいい～～!」って思ってた(笑)。

A そうだったんだ。知らない話がいっぱい(笑)。

──芸能人の兄弟姉妹は、嫉妬だとかネガティブな気持ちを持つ方も多いと聞きますが。

Y 愛ちゃんがモーニング娘。に入ってイヤだと思ったことはなくて。昔から私はひとり遊びが得意な子どもで、もともと前に出ていくのは愛ちゃんのほうが多かったし。

M バレエをやっていたし、愛ちゃんは舞台とか好きなんですよね。ゆいも一緒にやらせようと思ったけど、イヤって言って。

Y あんまり自分に自信がないから、出たくなくて。愛ちゃんをバレエ教室に迎えに行くと、待っているあいだにお菓子を買ってもらえたりするから、迎えに行くのが楽しかった(笑)。

M 趣味が全然違って、ゆいは絵が好きでね。

A ずっと描いてたね。

M あとは本と漫画が好き。ちっちゃいときからずっと本屋さんが命みたいな。

Y でも愛ちゃんがきっかけで、私も高校は音楽科に進んでみたりして。

A すごく器用なんですよね。ゲッターズ飯田さんに見てもらったときも、妹のほうが華があって、私は努力をしないとダメって言われて。例えば私がボイトレや声楽をやっていて、ゆいも同じ先生に見てもらったら、やっぱりうまいんですよ。ピアノもやっていなかったけど、すぐできちゃう。私なんかどう休むかしか考えてなかったから(笑)。ゆいは要領がいいっていうかIQが高い。勉強はできないけど。それも自分に必要だと思ったら、もっとできたんだと思う。そのくらい自分にとって好きか、好きじゃないかがすごくはっきりしていたから。

「おい！開けろや！」
と怒ってドアを壊した
ことも(笑)（AI）

Y 毎回やりたい教科だけは成績がいいんですよ。でも、苦手な教科で解答欄を全部埋めたのに0点を取ったときはちょっとびっくりしたけど(笑)。

A うそ～(爆笑)!? ゆいが行った高校はもともと私が行こうとしていた学校だったんです。

M 宝塚を受けるために音楽科に行くつもりでね。愛ちゃんがモーニングに入ったから、声楽の先生が「妹さんはどうですか?」って言ってくれて。

A そうだったんだ！

M 愛ちゃんが歌えるし、もしかしたらって、ゆいも歌ったらすごくうまいんですよ。

A そう、うまいんです！

Y でもテストの点数は悪かった(笑)。

――音楽をお仕事にすることは考えなかったんですか?

Y 何も考えてなかった。

A 何も考えてないから、服飾の専門学校に行ったんですよ。

Y そのとき『下妻物語』を見たり『ご近所物語』を読んでいて、「楽しそう！　行ってみよう！」みたいな感じで。

A 今自分がどう思っているかで生きているよね。

Y 楽しそうだからそっちに行くみたいな感じ。

――そのときに一緒に暮らしていたんですか?

Y 学校は福井にあって、卒業したあとに「東京行っちゃえ！」って何も決まってないのにとりあえず行って。

A そこから波乱が始まる。

Y ケンカの毎日(笑)。

A 福井のときからよくケンカはしていたよね。

Y ケンカになると、私はすぐ逃げて、

いつも部屋にこもるんですよ。鍵を閉めていると愛ちゃんがドアを蹴るんです。

A 蹴ったらドアが壊れちゃって泣いた(笑)。

Y 最終的にはその鍵をさ、コインで開けてた(笑)。

A 知恵がついたんだね(笑)。何に怒っていたんだろうね。

M 些細なことでねぇ。

A チョコパイ食べたとか(笑)。

M 部屋に勝手に入ったとかね(笑)。

Y 昔から愛ちゃんはおしゃれだし、持っている服もかわいいから勝手に借りて、それを怒られていた。

A 覚えているんだね。勝手になんですよ、いつも。

――久しぶりに一緒に暮らすようになって、ケンカの内容は変わるんですか?

Y 一緒！

A 一緒一緒(笑)！　ドアを蹴らないぐらいです(笑)。

Y 大抵私が勝手に何かを借りて怒られるか、部屋が汚いとか。

A 一番怒ったのは、ゆいちゃんが玄関の内鍵をかけて家に入れなかったこと。夜、仕事から帰ってきたときにドアが開かなかったんですよ。だから「おい！　開けろや！」って(笑)。

Y 東京は怖いっていうイメージがあるし、絶対鍵をかけなきゃ怖かったから。

A 開けてくれればいいんですけど、ゆいちゃんは寝ていたんですよ。だからもうお母さんに電話して「もう福井に戻してください。おうちに入れないんですけど」って。そういえば、あべさんと付き合いたてのときも、ゆいちゃんとケンカをめっちゃしていたから、それも見られている。

Y 私がびっくりしたのが、ほとんど会ったことがなかったときに、お昼寝から起きたらあべさんが家にいたんですよ(笑)。

A そのときは私とのコミュニケーションがなかったんだよね。ゆいちゃんがK-POPにハマって追っかけをしていて、本当にすれ違いで喋ることもなくて。あべさんとは外に行けないから、お互いの家の行き来になるじゃないですか。そういうときに会っちゃった。私が先に出かけちゃったから、ひと言伝えておけばよかったんだけど(笑)。

Y もう本当にびっくりした(笑)。そのあとは実家に帰って福井で勤めていたんですけど、転勤で富山に行ったときに愛ちゃんの知り合いがアパレル関係の仕事でアシスタントを探していて、声を掛けてくれて。じゃあ行ってみようかなってまた東京に出てきました。

A ゆいちゃんはさ、多分ひとり暮らしをして変わったんだよね。

Y ひとり暮らしする前にパッと考え方が変わったの。それまではすぐイライラしていたんだけど、25歳くらいに自分の中で気持ちの切り替えがあって。そこから変わったよね?

M 変わった。

A やりたいことがはっきりしてきたのかなと思った。「やりたいことがないまま東京にいても意味なくない?」とはずっと言っていたんですよ。

――そこから関係性も変わった?

A そうですね。ゆいちゃんがまた東京に出てきて、部屋を探してあげるのも全部あべさんがやってくれました(笑)。そこでぐっと近づいたよね。

あべさんが家にいて
びっくりした（YUI）

私にとって、
あべさんはお父さん
みたいな存在（YUI）

それまではあべさんのことをあんまり好きじゃないみたいなことを言っていて、でも会ったらお兄ちゃんみたいな存在になって。むしろお父さんみたいな感じか（笑）。

Y お父さんに近いかもしれない（笑）。あべさんは手助けの仕方が上手だよね。全部を助けるんじゃなくてさ、ちょっとこっちにもやらせてくれて、わからないときにスッと助けてくれるというか。うまくいくように導いてくれるのが上手。あべさんには助けられています（笑）。

A 私がいなくても、あべさんが不動産屋さんに連れて行ってくれたりとかしていたよね。

M 棚とかも作ってくれたんだよね。すっごく感謝しています。

——今はお互いにとって、いい関係になれたと思いますか？

A うん、そうですね。ゆいちゃんが一回、福井に帰ってよかった。私も妹を大事する、感謝する気持ちが一緒に住んでいたときよりもすごく大きくなったし、「もっとこうすればいいじゃん」ということも客観視できるようになった。妹として見るんじゃなくて、〝ゆいちゃん〟として見られるようになったというか。イラッとするポイントはいまだにあるけど（笑）、自分を見ているみたいで。「自分もそうだからわかるよ」って思うんだよね。

Y よく言っているよね。

A 客観視ってなかなか自分ではできなかったりするけど、目の前に自分と同じことを言っている妹がいると、「あ、あべさんはこういうことを言ってたのか」って思うんですよ。

Y 私も別の人と話すときに「あ、愛ちゃんが言ってたのってこういうことか」って思うことがある。あべさんによく言われるもんね、2人は似ているって。

A お母さんも一緒じゃんって言われるよね。

Y 結局みんな、ママに似ている（笑）。高橋家の特徴なんですけど、ごはんを食べるときとかに全員が違う話をしていて。そこに誰かが入ってくると「話、通じてるの？」って言われるんです。でも成り立っているんだよね。

A どうなんだろうね（笑）。まあ聞き返すときもある。

Y あと高橋語もあるよね。福井弁だと思っていた言葉が、高橋家の中でしか通じないことがあったんですよ。デコボコのことを〝だこだこ〟って言うんですけど、福井弁だと思っていたら「それ高橋語」って言われて。

A さんまさんにも教えたら、「福井の人に言ったけど、違ったやないか！」って言われた（笑）。

Y どっから生まれたんやろ。

M 〝だこだこ〟って何？

Y デコボコ。

M あ、デコボコのこと〝だこだこ〟って言うの？

A 言ってたよね、「舌がだこだこ」って。

M あ～！　トマトとか食べるとやろ？

A それが高橋語だっていう話やん（笑）！

M ああ、わかった（笑）。

A こういうことです（笑）。

——お母さまが初めてあべさんとお会いしたのはいつ頃なんですか？

M 最初は舞台（2011年に高橋さん、あべさんが共演した『喜劇「ハムレット」＆悲劇？「ローゼンクランツとギルデンスターンは死んだ」』）のときに観ているけど。

A そのあと、あべさんがやっていたバーに一緒に行ったんじゃない？

——付き合っていた頃ですか？

A 付き合ってないです。卒業したあとに「恋愛解禁だよ」とは言ってもらっていたんですけど、やっぱり撮られちゃいけないじゃないですか。でもそのとき、私は「好き!!」ってなっちゃっていたから。まだ、あべさんには好きとは言ってなかったですけど（笑）。

——お母さまとは恋愛の話もよくしていたんですか？

M 愛ちゃんは絶対言うね。

Y ちっちゃいときから、幼稚園でこの子がカッコいいとか全部お母さんに言ってた。

A 言ってたかも。

M そのときは付き合っているわけでもないし、でも愛ちゃんが行きたいって言うし。ひとりで行かせるのはちょっとなと思って「じゃあママも行くわ」って。それでビールを飲んで帰ってきて（笑）。そのときは全然違和感がなかったですね。

A だからやっぱり引っかかっていたのはバツイチっていうことだよね。でもどうにかしてお母さんを説得したくて。

M 聞いたときは「えっ？」って思ったんですけど、そのあとにあべさんのおうちに行ったんですよ。なぜか知らないけど、愛ちゃんと一緒にあべさんのお母さんとお父さんに会いに行って（笑）。

A そうだ、付き合ってそんなに経ってないときに。

M 愛ちゃんがすっごく積極的で、すっごく好き好きって言っていたし、お母さんにも会ってほしいって言われたから一緒に行って。でも向こうのご両親にお会いしたら、お母さんがすごくいい人で「ああ、こんな方に育ててもらったあべさんなら大丈夫」と思ったの。本当に、本当に。それからはもう、そんなふうに言わなかったよね。それであべさんも、うちのおじいちゃんとおばあちゃんにも会いに来てくれたんだよね。

A パパにも挨拶して。

M おじいちゃんがすごくあべさんのことを気に入ってね。びっくりしたもん。

A あべさんってかわいがられたいっていう気持ちがあんまりないの。だから普通でいられて、そこがおじいちゃんは好きだったんだと思う。気を遣わせないから。

Y 今はあべさんとおじいちゃんとで一緒にゴルフに行こうって言うぐらいだもんね。

A 東京に帰るときにお父さんが駅まで送ってくれて、そのときにあべさんは「娘を頼むわ」って言われたらしくて。

Y ドラマみたい！

A ママには報告していたけど、お父さんに彼氏を紹介すること自体、経験としてなかったから。想像もつかなかったことを一気に経験した感じだった。

——では、お母さまとゆいさんから見て、改めて愛さんはどんな娘であり、どんなお姉さんですか？

M もうずっと、ちっちゃい頃から変わってなくて、忙しい子。すっごく忙しい子。じっとしてない。お休みでも何かやっているというか。でもそれはすごくいいと思う。

A 確かにそうかも。時間を持て余すってことがない。モーニングにいたとき、移動で4～5時間あっても、楽しくてしょうがなかった。

M それに本当にやんちゃな活発な子。学校からも「怪我しました、病院に来てください」って電話が何回もあったし。

Y びっくりしたもん、クラスにいたら「お姉

付き合う前にママと
あべさんのバーに
行ったんだよね（AI）

ちゃんが病院に行くみたいで」って言われて(笑)。私にとっての愛ちゃんは……うーん……ちゃんと叱ってくれるし、誰よりも全部を認めてくれる人。

A ……もう、泣いちゃう!

Y こっちも泣きそう! 自分で自分を肯定することってなかなかできなくて、自分を褒めてあげられないときに愛ちゃんが人一倍褒めてくれるの。これでいいのかなって思うときは「それでいいんだよ」って言ってくれるし、ダメなときは「それはちょっと違うんじゃない」ってちゃんと言ってくれる。全部、全部受け止めてくれる。本当に大きい愛を持っている人。名前が愛なだけあって(笑)。愛ちゃんもさ、自分をなかなか肯定できないでいてさ、本当に似ているよね?

A うん、頑固だしね。

Y 頑固だね。

A 全然聞かない!

Y 本当によかった、愛ちゃんがお姉ちゃんで、ママがママで。

M ふたりとも対照的なんですけどね、それぞれいいところがあるし。うん、大好きです(笑)。

——最後に、愛さんからお2人に伝えたいことはありますか?

A そうですね……。大好きなことを仕事にできているのは、それをさせてくれたお母さんとお父さんがいてくれるからで。パパも最初はダメって言っていたけど、結局応援してくれて。振り返ると、なんでお母さんにあんな態度をとったんだろうって思うこともあるんですよ。でもよく嫌いにならないで、見捨てないでいてくれたなって。せっかく産んでくれたのに「私がいなくなればいいんでしょう」みたいな失礼なことを言っちゃったこともあるし、すごく突っ張っていたなって。なのに、それを否定せずに肯定して、見守ってくれていたんです。私が「宝塚に行きたい!」って、モーニング娘。を続けるか悩んでいたときも、すごく必死に止めてくれて。私にとって何がベストかをわかってくれていた。とにかく自分の中ではお母さんの存在がすごく大きくて、人と違うことを選ぶようになったのもお母さんが「みんなと一緒である必要ある?」って人だったからだし。中学時代、みんなと違うリュックだったのも最初はイヤだったけど(笑)、それが個性になっていって、「みんなと違っていいんだ」って気づいていくんですよね。自分の自信にも繋がったし、個性が出来上がっていったので、私のベースを作ってくれたなあって思う。今ピンクハウスと私の友だちがコラボしたオールインワンを着ていますけど、もともとはお母さんがピンクハウスを好きで、福井では買えないから石川県まで買いに行っていたんですよ。そこから洋服の素晴らしさを教えてもらって。この服を見て「あ、これ大好き!」と思ったときは、やっぱりお母さんから受け継いできたんだなって。お母さんが着ていたピンクハウスの服はいまだに着ているし、逆に私が作った服をママに渡していて。だから最近は私が作った服と、私があげた服しか着てないよね(笑)。

ふたりは対照的だけど
それぞれ大好きです
(MOM)

Y 「最近、お洋服買ってないわ~!」って言ってた(笑)。

A 今日ママが着ているのは昨日一緒に買ったものなんだよね。

M 選んでくれてね。

A ママが私を東京に出した年齢に私がなったんですけど、この年で2人も娘を育てて、ひとりが芸能界に入ったって考えると、すごいな~って思うんですよ。「愛ちゃんを育てたお母さんってどんな人なの?」とか「お母さんの育て方がよかったんだね」って言われるから、お母さんありがとうっていつも思っている。

M 私も一緒に成長したような気がするよ。

A ゆいはちっちゃいときからケンカばっかりしていたから、いつまで続くんだろうって思っていたんですね。お母さんから「私もよく妹とケンカしていたけど、大人になったら仲良くなったよ」と言われたけど想像がつかなくて。だってムカつくしって思っていたから(笑)。でも今何かあったら助けてあげたいっていつも思っている。昔も嫌いなわけじゃなかったけど、自分のことでいっぱいいっぱいだったから、助けてあげたいとまでは思えなかった。ゆいちゃんがグレちゃった時期があったんですけど、あのときもやっぱり私がそうさせちゃったのかなっていう思いがあったから申し訳なくて。だけど大人になって、自分がやりたいことをやってくれているのはすごく嬉しい。あとはいまだに“私なんて”が出てきちゃうから、自分を信じてほしい。

Y 基本的に“私なんて”人間だけど、だいぶ変われたと思う。

A 絵だけでやっていくパワーは持っているんですけど、そういうところが出てきちゃうときがある。だから私自身が思ったことを具現化していくようにしているんです。自分の姿を見せて、ゆいちゃんに自分もできるんだってわかってほしいし、自信を持ってほしいと思っているところはありますね。“私だから”じゃなくて、みんなができることだから。どうすればやりたいことを具現化していけるかっていう話は、この3人でもよくするよね。でもママも変わった。今ここにいることが奇跡。

Y ママも“私なんて”みたいな感じで、表に出たくないタイプだから。

A 「これを食べたい」とかも言わない人だから。

Y 全部譲っちゃうの。

A でも本来はそういう人ではないはずなの。ママはエアロビクスのインストラクターをやっていて、みんながママになりたくてレッスンを受けている姿をちっちゃいときに見ているから「本当はそうじゃないでしょ!」って。だから頑張って引っ張り出して、ママも変わってきたと思う。きっと今までだったら仕事を理由に来なかったよね。

Y 絶対来なかった。愛ちゃんのYouTube出演とか、前だったら「絶対出ん」って言っていたと思う。

A 出ていたかもしれないけど、話すことは違ったかもね。そういう家族の変化は、敏感にキャッチしているのかも。別に一緒に住んでいるわけじゃないけど、心がすごく近いというか。高橋家3人のグループLINEがあるんですけど、よく動くんですよ。何かあったらすぐに情報を共有するし、自分が感じたことを送ったり。例えば「今日はここが荒れてます」っていう肌の情報とか(笑)。ちょっとしたことでも話せるし、「どうでもいいじゃん!」とはならないんです。

Y パパはね、スマホじゃないんだよね。

A あ、そうそう。のけものにしているんじゃなくて(笑)。だから誕生日にはスマホをプレゼントしようとしているんだよね。

Y そうだね。そこにパパも入れたらいいね。

A でもやっぱり女子だけで話すことってあるじゃん。

M&Y あるある。

Y 多分「高橋家(3)」と「高橋家(4)」の稼働率は違うね(笑)。

FUTURE

CHAPTER THREE

NEW ME

HAIR DONATION

FROM LONG HAIR TO SHORT CUT.

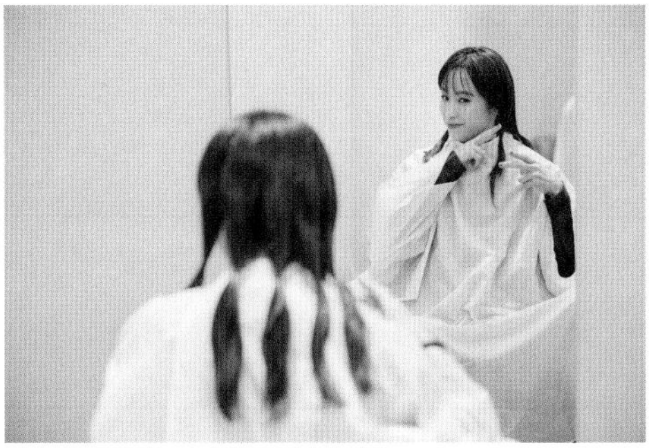

FOR DONATION

困っている人のために何か自分にできることはないかと
調べていくうちにたどり着いた、ヘアドネーション。
そのために伸ばしてきた髪を、35歳を目前にした誕生日前日、
新たなスタートとともにバッサリと切りました。

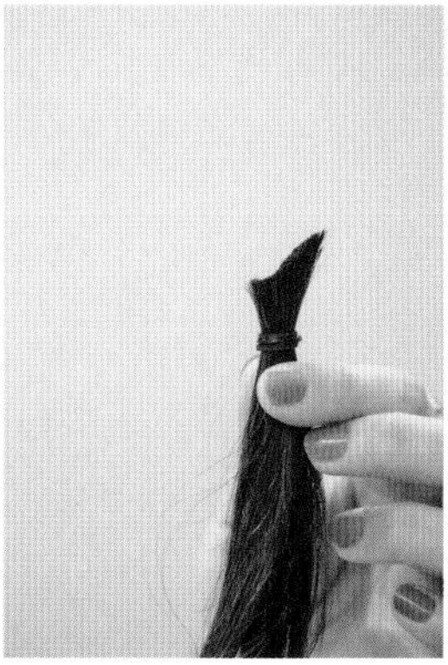

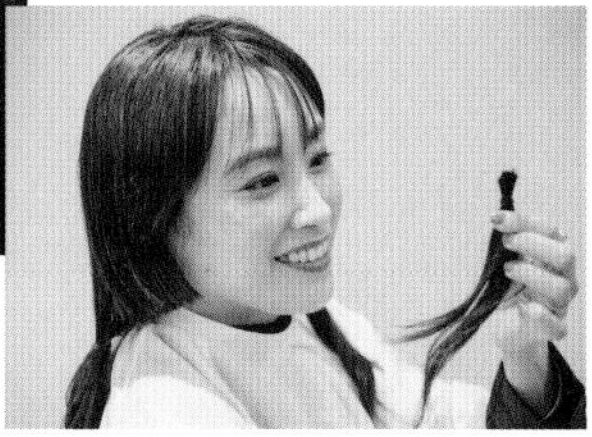

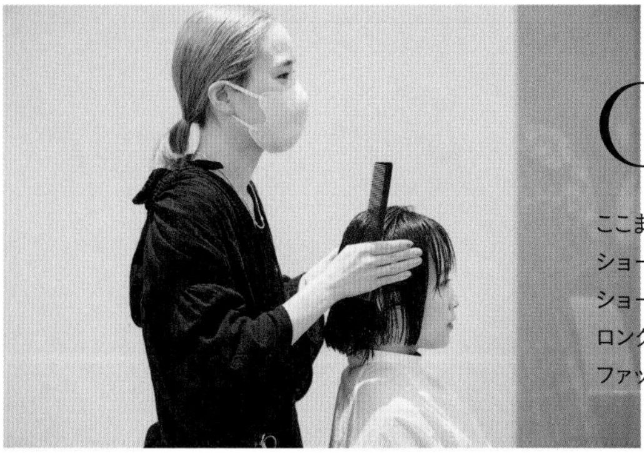

CHANGE HAIR

ここまで髪を伸ばしたのは久しぶりで、
ショートカットにした感想は「スッキリ！」の一言。
ショートにすると洋服選びがなぜか楽しくなるんです。
ロングの頃とはまた違った
ファッションとメイクにチャレンジしたいです。

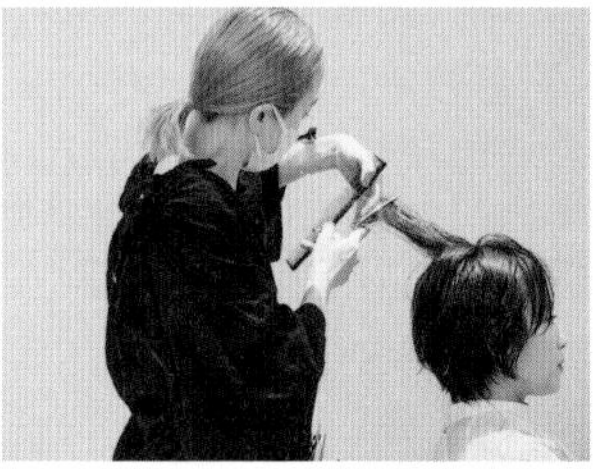

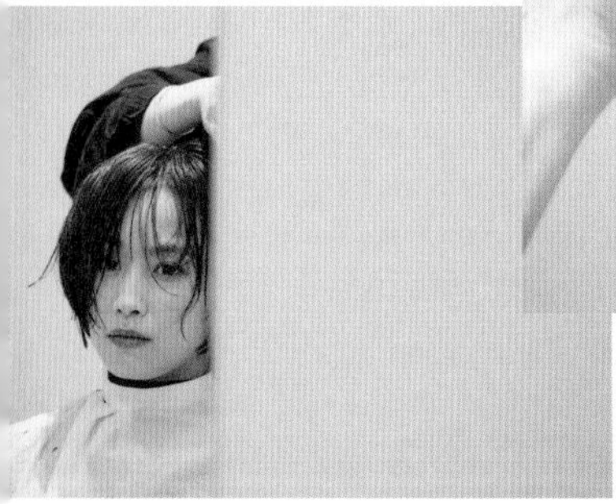

SYAN ［シアン］

東京都渋谷区神宮前4-13-9
表参道LHビルB1F
☎ 03-5772-1090
営 〈平日〉11:00〜20:00
〈土〉10:00〜20:00
〈日〉10:00〜19:00
休 第1・3月曜日、火曜日
https://syan-tokyo.com

担当してくれたのは
野々口祐子さん！

DONATION HERE!

「つな髪」

www.organic-cotton-wig-assoc.jp

「つな髪」は医療用ウィッグメーカーのグローウィングが運営するヘアドネーション活動。集まった髪でウィッグを作り、病気や治療で髪を失った全国の子どもたちへプレゼントをしています。「髪が必要な子どもたちの手元に届きますように」（高橋 愛）

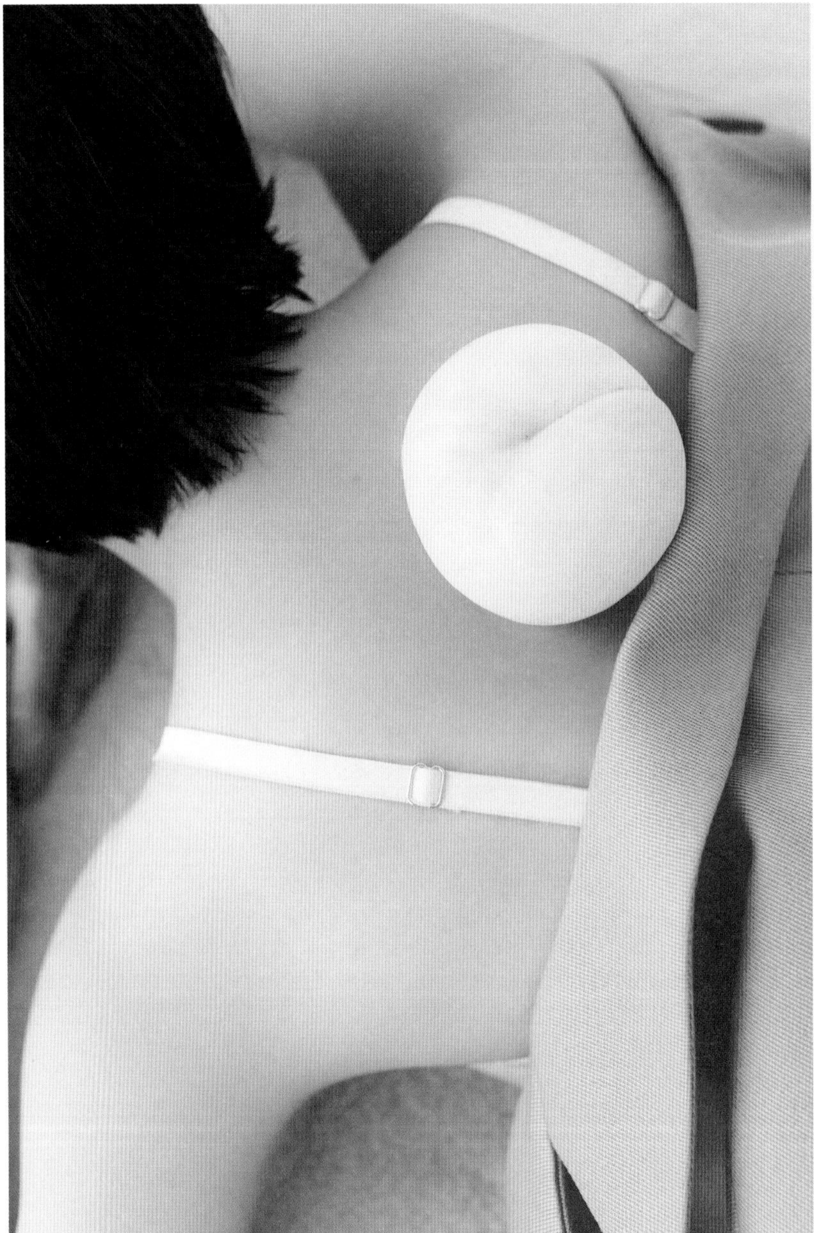

THIS IS THE NEW ME

LIKE A ……

QUESTIONNAIRE

ABOUT AI TAKAHASHI BY 25 PEOPLE.

QUESTIONS

Q.01 高橋 愛との関係性
Q.02 高橋 愛との出会いはいつ？ 親しくなったきっかけは？
Q.03 高橋 愛がどんな人か、ひと言で表すなら？
Q.04 高橋 愛のイメージを絵文字で表すなら？
Q.05 高橋 愛らしいな〜と感じたエピソードは？
Q.06 「この高橋 愛が好き！」という楽曲やパフォーマンスは？
Q.07 デビュー20周年を迎えた高橋 愛にメッセージ

AMIAYAさん ／モデル、DJ、「jouetie」クリエイティブ・ディレクター

A.01 お友達です❤

A.02 共通の知り合いなどを通じて2013、2014年頃には出会っていたと思います❤ その後、定期的にご飯へ行ったりして2016年と2018年には私達がディレクターを務めているjouetieと愛ちゃんとのコラボアイテムを作らせてもらったり……公私共にお世話になっています。

A.03 名前の通り、愛の人❤ ファンの方や、周りの方、仕事に対しても、愛を持って向き合っているのを感じますし、常に周りの方に感謝している姿勢が素敵だなと思います。

A.04 お花ですね。愛ちゃんの笑顔でその場がパッと明るくなるので。

A.05 jouetieの展示会に来てくださる時に、毎回差し入れを持ってきてくれたり周りの方への気遣いが素晴らしい‼

A.06 どの愛ちゃんも素敵で選べないです……普段のほわわん、柔らかい空気を纏った愛ちゃんとステージやライブ時の愛ちゃんのパフォーマンス力やキレキレダンスのギャップも、最高ですよね‼❤ かっこよすぎます‼

A.07 愛ちゃん❤ デビュー20周年おめでとうございます‼ 私達のパワースポット愛ちゃん いつも愛ちゃんの笑顔に沢山沢山パワーをもらっています。ありがとう❤ 状況が落ち着いたらあべさんと4人でまたご飯いきましょう〜 20周年という大切な節目が、愛ちゃんにとって素晴らしいものとなりますように‼ 大好きです❤

安達祐実さん ／俳優

A.01 私が一方的にファンなんです

A.02 数年前、雑誌で対談をさせていただいたり、愛ちゃんの連載企画にお邪魔したりしました！ 台湾にもロケに行かせていただいて、距離が縮まった気がしています！

A.03 ポジティブなマインドを持った、気遣いの女性。

A.05 台湾ロケの時、空き時間にみんなで占いに行ったのですが、その内容や愛ちゃんの捉え方を見ていて、本当に旦那さんの事を愛して信頼しているんだな！ 素敵だなぁ！ と思いました。

A.07 優しさと少女のような愛くるしさをもっている愛ちゃん、もう20年なのですね！ これからも応援しています。無理をせず、愛ちゃんらしく、穏やかなこれからを過ごしてくださいね！！！ 好き！

粟野多美子さん ／スタイリスト

A.01 デビュー当時から、お付き合いさせていただいていて、卒業してからも、お仕事させていただいてます。プライベートでも、買い物や展示会にいかせてもらったりしています。

A.02 Mステ（『ミュージックステーション』）スペシャル。マネージャーさんに、新しいメンバーですと紹介された時。すごく可愛かったです。目がクリっとしていて、素直そうな子だな〜と思いました。仲良くなったのは、あいちゃんがモーニングを卒業して、個人での仕事が増えた時に、色々と話すようになり、展示会など一緒に行くようになってからです。

A.03 愛の人。。or ハッピーな人

A.04 いちご

A.05 LINEのやりとりがお互いせっかちなところがあり、文章が端折られていたりします。なんとなく「あいちゃんなら、こーかな」とわかるのですが、あべさんからは、「なんでこの文面でわかるの〜？ 主語ないじゃん！」って、言われます笑

A.07 デビュー20周年おめでとう！ いつも、ありがとうございます。あいちゃんは、昔からいつも、周りに感謝の気持ちをもっていて、「ありがとう」の言葉を素直に伝えられる人なので、あいちゃんといると温かい気持ちになります。これからも素敵なあいちゃんでいてください！

扇 けいさん ／女優、歌手

A.01 心の友♡

A.02 演劇女子部さんの『僕たち可憐な少年合唱団』での共演が出逢い。お稽古場では人見知りし合っていたのですが、楽屋入りしてから2人部屋になり、朝も休憩中も終演後もずっとお喋りしていたのに話が尽きず、それからとっても仲良しになりました！

A.03 パワースポット！ 一緒にいると、気付いたらずーっと笑ってます！

A.04 いつもお目目がキラキラしてる

A.05 私のソロコンサートにゲストで出てくれて、アンコールでもう一度お呼びした時、泣きながら出て来てくれて。感じたままに表現し、どんなことにも素直で真っ直ぐな愛ちゃんが本当に愛ちゃんらしくて……とっても愛おしかったです。

A.06 可愛らしい愛ちゃんももちろん大好きなのですがキレッキレに歌い踊っている愛ちゃんがめっちゃ好きです！！

A.07 大好きな愛ちゃん。20周年本当におめでとう。こうして愛ちゃんに"おめでとう"を伝えることが出来るなんて、私はなんて幸せ者なんだろうか……！ 出逢ってくれてありがとう。これから先も輝き続ける愛ちゃんの30周年、40周年、、その先もずーっとお祝いさせてください♡ サランへ♡

岡田ロビン翔子さん ／タレント、ラジオDJ、元チャオ ベッラ チンクエッティ

A.01 先輩と後輩。

A.02 憧れてオーディションを受けてから同じ事務所にいますが、いろんな偶然が重なり一緒にラジオをやらせていただくようになってから、いろんなお話をさせて頂いてます。

A.03 愛。

A.04

A.05 高橋さんのお家にはじめてお邪魔したとき、お話を聞いてもらっていて思わず私が泣いてしまったことがあったんですが、高橋さんも一緒に泣いてくれたこと。その優しさにまた涙が出ました。あべさん手作りの夜ご飯も、そのあと一緒に食べたチーズケーキも、最高に美味しかったです！！！！！

A.06 どの高橋さんも本当に神がかっていますが、金髪ショートを振り乱しながら歌う『リゾナント ブルー』『女と男のララバイゲーム』艶やかなロングヘアーを操る『気まぐれプリンセス』のMV高橋さんソロVer.は何度も観てます。歌唱力と表現力の高さに脱帽です。

A.07 いつも無償の愛をくれる高橋さん。格好いいパフォーマンスはもちろん、心の美しさや意外と男前な一面も、全て尊敬しています。20周年、本当におめでとうございます！！！！！！！ これからも、一生、ついていきます！（勝手に）

鹿毛康司さん ／エステー株式会社 クリエイティブ・ディレクター

A.01 CMやミュージカルのお仕事で10年以上仲良くさせていただいてます。

A.02 2012年、愛ちゃんがモー娘。を卒業した直後。TOURSミュージカル『赤毛のアン』のダイアナ役で出演していただきました。そのご縁でCMにも登場してもらい、人として大ファンです。

A.03 妖精人間

A.04 素朴で愛いっぱいのおにぎり。

A.05 私のツイッター仲間でパーティーを開いたとき。普通にオーラを消して一般のお客様に交じって参加してくれてたのを見たとき。偉そうな態度をひとつも見せないんだよね。

A.06 『シャボン玉』のかっこ可愛い愛ちゃんが好き。

A.07 愛ちゃんはずっと幸せでいてください。愛ちゃんが幸せだとファンも仕事仲間もなぜか幸せになれます。

木下菜津子さん ／コレオグラファー

A.01 愛ちゃんがリーダーになってから卒業までのライブを共に創り駆け抜けてきた仲

A.02 初めてモーニング娘。のコンサートを担当したときに、キラキラした目で私の話を聞いてくれたとき。そこからはじまったと思う。

A.03 天然、天才、天使（3言になってしまいました！）

A.04

A.05 なんかすごい一生懸命説明してくれるんだけど、なんの事かさっぱりわからないとき。『SONGS』というかっこいい曲があり、愛ちゃんが歌い始めなんですが、歌い出しでおもいっきり転んだとき。卒業コンサートで、ソロ曲『自信持って 夢を持って 飛び立つから』の歌詞を間違えたとき。

A.06 すべてです！ いつも本番には鳥肌立つくらいに仕上げてきた！ No.1をあげるなら！『スッピンと涙。』でハケ間際に振り返ったときに涙が一筋頬を伝ったとき！

A.07 いつもHappyとPositiveをありがとう。あの時代を共に過ごせて乗り越えてきたのは私にとって財産です。そして20周年の愛ちゃん！おめでとう！さらなるマイペースと唯一無二の個性と才能で人生楽しんでください！ そしていつか！ もっと歳をとって（笑）、みんなで映像とかみて大笑いしたいっ！

小嶋陽菜さん ／タレント、モデル、「Her lip to」クリエイティブ・ディレクター

A.01 にゃんちゃん・愛ちゃんの仲

A.02 共通の友達がきっかけです。アイドルの先輩であり、ずっと憧れて見てきた方なので最初は緊張しましたが、お誕生日会やご飯で会う度に愛ちゃんは優しくふわっと話してくれます涙。私のAKB48卒業コンサートに出演してもらったのは人生最高の思い出です！！

A.03 ピュアな人♡

A.04

A.05 もう何年も前に愛ちゃんの大好きなTEDの大きなぬいぐるみをプレゼントしたことがあったのですが、最近の愛ちゃんのおしゃれなお部屋特集の写真でそのTEDの生存確認しました笑　物もずっと大事にしてくれる素敵な人だなと思いました。

A.06 いっぱいありすぎますが、High-Kingの『記憶の迷路』の愛ちゃんの歌い出しが神で今でも定期的に聴いています。『気まぐれプリンセス』や『リゾナント ブルー』などプラチナ期の楽曲はエモーショナルで深夜に聴きたくなる！ ライブでの圧倒的なパフォーマンスはもちろんですが、歌番組やMVなどテレビ画面サイズでの魅せ方も凄い！ 手の振り付けは爪先までなめらかで、髪の動きも表現の一部になっていて、愛ちゃんのリップシンクに憧れていました。ステージで映えるバランスの良いスタイルも好き！

A.07 愛ちゃん20周年おめでとうございます！ テレビで見ていたあの5期オーディションから20年も経つなんて、、！ 私も中学生でしたが一緒に青春を過ごしてきた気持ちです笑。愛ちゃんと同じ時代を生きている事に感謝。今も昔もこれからもずーっと大好きです♡

紺野あさ美さん ／モーニング娘。5期メンバー

A.01 モーニング娘。5期メンバー　同期

A.02 モーニング娘。のオーディション。一緒に活動していくうちに……だけど、気づいたら2人でライブの後だっていうのに、それからさらにカラオケに行くような仲になっていました 笑

A.03 才能の塊。歌の才能もダンスの才能も、そして今ではファッションも！

A.04 ♥ シンプルな赤のハート！

A.05 愛ちゃんは私からすると少食なんだけど、いつもいっぱいメニューを頼むイメージです。いっぱい頼むけどそんなに量を食べないので、残ったものを私全部いただいてたような……（笑）

A.06 ありすぎて困るな〜。『大阪 恋の歌』と『リゾナント ブルー』！

A.07 愛ちゃん！ 20周年おめでとう！ 20年ってすごく長い期間に感じるけどもうそんなに経ったんだね……20年、ずっと表舞台で活躍し続けるなんてすごいことだと思うよ！ 今はいろいろなお洋服も作ったりしていて愛ちゃんのピュアな心が多くのスタッフさんに伝わってるんだろうなぁと思うよ。そしてこれからも同期としてよろしくね！

鞘師里保さん ／アーティスト、俳優、モーニング娘。9期メンバー

A.01 モーニング娘。の先輩後輩の関係

A.02 私が12歳でグループに加入した当時のリーダーが高橋さんで、その時から沢山面倒を見てくださっていました。

A.03 優しさの塊。

A.04

A.05 以前高橋さんが誕生日プレゼントを私の自宅に送ってくださった事があるのですが、高橋さんご自身が後日同じサイトで買い物された時に、配送先の設定を変え忘れていたらしく、高橋さん家に届くはずだった大きな箱が、うちに届きました笑

A.06 『愛して 愛して 後一分』のパフォーマンスが隙がなくカッコ良すぎるので、ソロアングルDVDをかなりの回数観ました。

A.07 高橋さん、デビュー20周年本当におめでとうございます！ いつもお忙しいはずなのに、後輩の私を気にかけてくださりありがとうございます。高橋さんが自ら実現させてきた、チャレンジやお仕事などを近くで見させて頂く事で、私自身も視野が広がっているように感じます。いつも良い影響やパワーを頂いています。今後も、私を含め後輩たちに色んな高橋さんの姿を見せてください！

すーちゃん ／創作好きの2児のママ

A.01 幼馴染

A.02 出会いは小学校の3年生の時　愛ちゃんが転校したクラスが同じで、いつの間にかいつも一緒に遊んでいました。

A.03 信念を持っている人　自分がこうなりたいっていう未来像をちゃんと持っていて、そこはブレないイメージです。いい意味で周りに流されない。でも自分の考えを押し通すのではなく、誰の意見も柔軟に受け入れてくれる、みんなに優しく平等な人。

A.04 (≧∀≦)

A.05 愛ちゃんと話したい事があって連絡したら、電話の最初から最後まであべさんも一緒に電話で話した事。夫婦仲がいい愛ちゃんらしいな〜と思いました。

A.06 『お気に召すままに』（カバー）。愛ちゃんのYouTube（高橋 愛lab.）で『fukuu』のワンピースを着て歌っている動画。

A.07 中3の夏休みにモーニング娘。に加入するって聞いてから20年間、離れていてもずっと繋がっている事を嬉しく思っているよ。常に目指すものを持っていて、それを実現している愛ちゃんは私にとって友達であり憧れで、私も夢に向かって頑張ろうって思える。これからも愛ちゃんの活躍を応援してるね。またいろいろ話そうの。

鈴木愛理さん ／歌手、モデル、女優

A.01 ハロー！ プロジェクトの先輩
現役時代からずっと憧れ続けている、大好きな先輩です！！

A.02 個人的には、初めの出会いはテレビでした。元々モーニング娘。が好きだったこともあり、オーディションの合宿とかからずっと見ています！！カードとか写真も集めてました でも、私にとっての高橋さんは同じハロプロメンバーになってから、さらに大きくなったなと思っているので、ファン的な好き！ より、憧れの意味での好き！が大きいです！！ 親しくだなんて、そんな…恐れ多い！ って感じですが、、、少し前に2人で雑誌の撮影をさせていただいた時に、やっと少しプライベートの話とかができて、1人の女性同士の会話ができてることに喜びを隠せなかったです

A.03 気遣いの神様。私が知っている高橋さんは、かっこよくて少しドジで、でもやっぱりかっこいいみたいなのが魅力なのです。でも撮影現場で“愛ちゃんの後輩だよねー？？ 愛ちゃんほんっとに良い子！ 本当に優しいし可愛いし、本当に素敵な子！”ってスタッフさんが口を揃えておっしゃるんです。前に雑誌で一緒だった時、私にまで食べ物のお裾分けを持ってきてくださったりして、すごく気が回る、周りの見えた先輩なんだなぁとさらに尊敬しました。

A.04 私の中ではずっとこれ。もしくは 、

A.05 インタビューとかで尊敬してることや大好きなことを話すと、絶対に横に首を振りながら『いやいやいや〜そんなそんな…』って言ってるイメージです。すごくその…いつもいつまでも謙虚なイメージがあって、、、そんな姿も魅力的で、、、なので私は曲げずに話し続けます！！！ あと、何か困ってることや悩みがあると“〜しちゃえばいいじゃん！ 私言ってあげようか？！！”ってすごく心強くなるような背中の押し方をしてくださるイメージがあります。現役時代も悩みを聞いてくださったあの日は忘れません

A.06 前にテレビで話せなかった、『泣いちゃうかも』のパフォーマンス。2009年秋のモーニング娘。ツアーでのパフォーマンスがすごく好きです、、、。歌ってない部分の表現も神がかってます。高橋さんみてるだけでも物語が完結できるくらいです。切ない苦しい。最高です。あーでもHigh-Kingの『DESTINY LOVE』のときの、ショートカットでハットかぶってパフォーマンスする高橋さんもだいっっすきです。ちょっと遅どりで刻む肩のリズムが大好物なんですよ、、、。

A.07 デビュー20周年おめでとうございます！！！ 20年ずっと憧れてきたのは、高橋さんだけです。パフォーマンスも人柄も、ずっとブレずに“高橋 愛”でい続けてくれる高橋さんが大好きですし、そんな先輩がこんな近くにいる私は幸せ者です！！ SNSで見かけるあべさんと一緒にいる時の高橋さんも実は大好き。。。今までは憧れの壁が厚すぎてなかなか私が自分のことを話せなかったので、今後はちょっと壁を破っていこうと思います！！ よかったらまた話聞いてください！

鈴木えみさん ／モデル、デザイナー

A.01 友人

A.02 むかーしむかし、お洋服の展示会場で…だったと思います。愛ちゃんがすごく遠慮がちなので親しくなるまでは時間かかりました（笑）あべさんのおかげかもしれません！

A.03 高密度な白

A.04

A.05 愛ちゃんの卒業コンサートはとても感動しました！

A.06 卒業コンサートはとても感動しました！

A.07 愛ちゃん、20周年おめでとう！ 最近会えてないけど、またみんなで鍋したりワイワイしたいね！ これからもかわいくて優しくて、あべさんとラブラブなちゃんあいでいてね♥

中澤裕子さん ／タレント、モーニング娘。初期メンバー

A.01 一緒に活動した期間はないのですが、私の中ではとても距離感が近いと感じていて、写真加工の先生です。

A.02 愛ちゃんが加入してきた当時はあまり接点がなく、勝手に私が、高橋愛ちゃんを好きになりました。

A.03 芯がしっかりして媚びないひと。

A.04 (￣∀￣)

A.05 愛ちゃんには、写真加工の仕方を時々教えてもらうんですけど、すっごく丁寧に、分かりやすく伝授してくれるんです。めちゃくちゃ面倒な質問とかしているはずなのに、すぐに返信くれたり。こういうところが、年上にも後輩にも愛されるとこなんだろうなぁ。と、いつも思います。いつもありがとう！
A.06 プラチナ期と呼ばれている時代の高橋 愛ちゃんのパフォーマンスは、どの曲も素晴らしい。狙っていない時の表情までもが、完璧すぎる。選べない中でも、どうしても！と、言われたら、、、『Moonlight night 〜月夜の晩だよ〜』。ステッキを持って長い耳を付けたピンクの衣装、長い髪の愛ちゃんに萌えでした。めちゃくちゃ可愛いのに、歌い出したらめちゃくちゃカッコいいって、「何者なんだ、この子は⁉」と思いました。
A.07 愛ちゃん、デビュー20周年おめでとうございます。可愛いです。ほんとに。でも、中身は男前さも感じます。カッコいいです。これからも、愛ちゃんにしか表現できない色々見せてください。楽しみにしてます。愛ちゃんに会いたいです。

中島卓偉さん ／ロックシンガー、作曲家

A.01 同じ所属事務所の仲間です。
A.02 2013年？ くらい？ ミュージックフェスタというイベントで僕がバンマスをやらせてもらった時に、愛ちゃんも参加してくれました。福井県出身の愛ちゃんですが、ちょうど僕が福井県の鯖江でサングラスを注文していて、その話をしたらすぐ打ち解けた記憶があります（笑）
A.03 礼儀正しく思いやりがある人。
A.04 太陽ですかね。って絵文字はほとんど使ったことないんですけど（笑）
A.05 どんな現場にも必ず差し入れを買って持ってきてくれるんですが、毎回気を使わないでと伝えると、「みんなで甘いものを食べるという時間が好きなんです、甘いものを食べている人の顔を見るのも好きなんです」と言っていました。みんなが愛ちゃんの優しさに癒されています。本当にありがとう。
A.06 そりゃあもう『リゾナント ブルー』でしょ！ 一緒に演奏させてもらって痺れました。
A.07 いつも笑顔で、でも涙もろくて、いつも元気いっぱいのようで、凄く落ち込みやすくて、ということは、自信が持てる時と持てない時があるんだと思います。でも、きっと愛ちゃん自身が思っている以上にあなたという人はもっともっと素敵な存在です。この先もずっと大丈夫！ みんなが愛ちゃんのことを必要としています。ありのままで、あるがままにぶちかましていってください！ デビュー20周年、本当におめでとう！

ばっしーさん ／元担当マネージャー＆元モーニング娘。マネージャー

A.01 モーニング娘。時代に2回とソロになってからマネージャーとして同じ時間を過ごしました。
A.02 私が19歳で初めてマネージャーとして挨拶した日を知っていて、それからの私のマネージャーとしての経験や成長を知っているメンバーですw
A.03 見てて飽きないw
A.04
A.05 高橋らしさはそばにいたらたくさんありますが、一番印象的なのは「自分を後回しにするところ」かなと思います。言い方が悪いかもしれないですが、表に出るタレントで、私たちの看板でもあるのでもっと前に出て主張してもいいのに、常に周りを見て気を遣い、調和を取るタイプ。高橋に関わって下さった方たちは皆さん口を揃えて「いい子、気が利く子、優しい子」と言う印象を持ってくださいます。その上、仕事もきっちりこなしてくれるのでマネージャーとしてはこんなに嬉しいことはないですが、その分もっと高橋の内に秘める抑え込んでる部分を少しでも拾って解放してあげたいなと思ってマネージメントをしていました！
A.06 きまプリ、HDLJ、SONGS、Only you、ルノアール、記憶の迷路、元気+、AS FOR〜、マンパワー、色じれ、ララバイ、クレアバ、GDになりきって歌うBIGBANG曲、、、等々出したら尽きませんが、、、
でもやっぱり一番は『I'm Lucky girl』をオラオラで歌って踊ってる高橋 愛がイチオシです！！！（伝わる人にだけ伝わればw）
A.07 高橋に関わってくれている方に感謝を忘れず、応援して下さっているファンの事を思いながら高橋 愛らしく変わらずに突っ走って下さい。迷ったり疲れたら無理せずいつでも立ち止まって周りに頼って、またオラオラの高橋 愛に戻って下さいw 高橋がやりたいことにはいつも芯があるので、それを信じてやっていけばきっといい方向に進むと思ってます！ また30年、40年、50年、、、とお祝い出来るように陰ながら応援してます！ おめでとう！

春海 茜さん

「Harumi Showroom」PRディレクター、GOKI-GENsメンバー

A.01 GOKI-GENsのメンバー仲間、そしてモーニング娘。現役の時からのいちファンです。
A.02 TV画面ではモーニング娘。のオーディション。直接は、展示会に来てくれた時に会ったのが2年前くらい。 親しくなったきっかけはお互いモーニング娘。とファッションが大好きで、あとはGOKI-GENsのメンバーになってからグッと距離が近づきました！
A.03 文字通り、愛に溢れる人。
A.04
A.05 ライブとかのトークではグダグダ・かみかみなのに、自分の好きなことを話すとき（キングダムとか、進撃の巨人とか）は超スラスラ話しているところ。 YouTube撮影の時に、愛ちゃんのYouTubeだから好きに全部決めたらいいのに、必ず、「こういうのは、どう？」と先に私たちに聞いてくれる。
A.06 『愛して 愛して 後一分』（Pika! Pika!! のパーマヘア+チェック衣装）『Only you』『Give Me 愛』『Moonlight night〜月夜の晩だよ〜』の、愛ちゃん、新垣さん、鞘師さんとの3人Ver.。『泣いちゃうかも』のPVで涙を流しているところ
A.07 愛ちゃん、デビュー20周年おめでとう！ オーディションの寺合宿からずっと推していたけど今でも推せる愛ちゃんは本当に素敵です、ありがとう。愛ちゃんに会えただけでも嬉しいのに今やGOKI-GENsのメンバーとして隣で踊っているのが夢みたいです。30周年の時には武道館に一緒に立とうね。これからもよろしく！ 愛！ 大好き！

福本敦子さん ／美容コラムニスト

A.01 私にとっては尊敬するお友達のひとりです
A.02 SNSでお互いにフォローしていて、会えたのは今年からかな？
A.03 ピュアで、パワーのある人
A.04 ♡
A.05 会うととても元気になれるんですが、会うたび小さなお土産やギフトをくれたりしてやりとりに愛を感じます！
A.06 前にいただいた20周年記念のフォトブックの愛ちゃんがとても素敵でした！

A.07 愛ちゃんおめでとうございます。アップデートされ続ける愛ちゃんを見るのを楽しみにしています！

藤井早希子さん ／「BEAMS」PR、GOKI-GENsメンバー

A.01 GOKI-GENsチームメイト、BEAMSのお客様、ファン
A.02 2015年5月13日
BEAMSのイベントに遊びにきてくださって、初めて挨拶をさせていただきました。この出会いを機に、モーニング娘。加入オーディションなど当時の想い出が脳裏をよぎり、私のモー娘。愛が再燃しました。笑 イベントにお誘いするたびに、来てくださることにも感激ですし、お話しさせていただくたびにフランクで飾らない人柄にも惹かれました。（しかも必ずBEAMSの洋服を身に纏ってくださる抜かりなさ！！！）そして大変ありがたいことに、2021年5月に晴れて"GOKI-GENs"というダンスユニットを結成！ 愛ちゃんのYouTubeの企画と化しました笑
A.03 化け物！笑
LINEすると即レス、SNSの更新率高すぎ、YouTube撮影＆編集しすぎ、撮影現場掛け持ち多めで、「いつ寝てるんだろう」といつも思います。笑 高橋 愛って何人かいるのかな？っていう意味で、化け物すぎだしタフすぎる！って思います！！！笑
A.04 （HAPPY感）
A.05 毎回展示会の際にめちゃくちゃオーダーしてくださいます（感謝）。あべさんに相談？ 報告？ すると、「似たようなアイテム持ってるよね？」っていつも言われながらも、受注してくださいます笑 あべさんといるときの愛ちゃんはいつも眼差しが熱くて、常に恋する少女っぽくて、同性の私でも可愛いなと思っちゃいます。
A.06 『女と男のララバイゲーム』のライブで、2番ソロ「でーーーもね」の溜めに溜めるところ、大好きです！！！！！ 抜群の歌唱力発揮してます！デビュー2年目の楽曲『シャボン玉』でのしゃくりも大好きです。カラオケで真似させていただいております。
A.07 デビュー20周年おめでとうございます〜♡ オーディション特番（『LOVE涙色』）時の記憶が鮮明な私にとって、愛ちゃんと出会えたことでさえ奇跡なのに、いま一緒に踊らせていただいてることが今でも信じられないですし感謝感激です。歌って踊れる愛ちゃんもファッショニスタの愛ちゃんも大好きですし、常に新しいことに挑戦して走り続けるその姿勢を見習いつつ、この先も推し続けます！これからも公私ともによろしくお願いいたします

道重さゆみさん ／歌手、タレント、モーニング娘。6期メンバー

A.01 愛ちゃんはモーニング娘。の先輩です！
A.02 私がモーニング娘。に加入した2003年です。
私は、加入する前から愛ちゃんの事が大好きで自分の部屋に愛ちゃんのポスターを貼っていました！
そんな憧れの愛ちゃんに初めて会った時の感動は忘れられません♡
可愛すぎて直視できなかったです！
そして、加入してすぐ、愛ちゃんの方から『アドレス教えて！』と言って連絡先を交換してくれたり、
誰よりも早く『さん付けじゃなくていいよ！愛って呼んで！』と言ってくれてとにかく可愛がってくれました♡（当時、さすがに『愛』と呼ぶ勇気が出なくて『愛ちゃん』と呼ぶようになりました。）
プライベートでも焼肉に連れて行ってくれたりディズニーシーに一緒に行ったり私のお家でハロウィンパーティーをしたり！

いっぱい可愛がってくれるのでどんどん仲良く、そして、更に更に大好きになっていきました♡

A.03 ピュア！

とにかくピュア♡
いつまでもピュア♡
どこまでもピュア♡

あまりにピュアで心が綺麗すぎるので
愛ちゃんに会うと私自身まで浄化される気分になります（笑）

A.04 😄

いつも『わー！』って泣くくらい笑ってるイメージがあるし、
愛ちゃんのクシャってなる笑顔が大好きで、
愛ちゃんの笑顔を見るとすごく嬉しくなります！

A.05 先日、会社でたまたま愛ちゃんに会った時に、めちゃくちゃ大きい紙袋を4、5袋持っていて、その中身は全てお洋服！
『モーニング娘。のみんなにあげようと思って！ さゆも欲しいのがあったら持っていってね！』って言ってくれて、
昔から愛ちゃんはおさがりのお洋服をくれるので、今の現役のメンバーにも変わらずたくさんあげていて、さすが愛ちゃん！ と思いました！
そして私もその時、ちゃっかり5着くらいもらっちゃいました♡

A.06 『モーニング娘。コンサートツアー2011秋 愛 BELIEVE ～高橋愛卒業記念スペシャル～』の、愛ちゃんのソロ曲『自信持って 夢を持って 飛び立つから』です！

何が好きかってまず衣装。
モーニング娘。の卒業の時の衣装ってドレスのイメージがあると思うんですけど、愛ちゃんはラストがTシャツとGパンで、私はそれを見た時に『あぁ、高橋 愛だ、愛ちゃんかっこいい大好き』って思いました。
その姿で歌う『自信持って 夢を持って 飛び立つから』は本当にカッコよくて。
ラフなのにカッコよくて、それがまた何故か逆に切なくて、、。
そんな感動場面で歌詞間違えまくっちゃうところも、人間味あふれるというか（笑）
感動の中に笑顔があって、その空間全てが、愛ちゃんらしいというか、最後まで愛ちゃんが作る、愛ちゃんしか作れない、あたたかいステージだったなぁって。
後輩がこんなこと言うのはおかしいかもしれませんが、、、
愛ちゃんが沢山の人から愛される理由がこの愛ちゃんの卒業ライブのこの曲に詰め込まれてるなぁって思います。

A.07 愛ちゃん、20周年、おめでとうございます！
出会う前からも、出会ってからも、ずっとずっと大好きです♡
愛ちゃんはよく『さゆ、可愛い！！』って言ってくれます。
これからも言ってくれますか？♡
そう言ってもらえるように私も頑張ります！
だから愛ちゃん！ これからもずっと仲良くさせてくださいね。

愛ちゃん！ 大好き♡♡♡

光井愛佳さん ／モーニング娘。8期メンバー

A.01 昔は先輩・後輩。今はお友達（だと勝手に思ってます😂♥♡）

A.02 モーニング娘。に加入して出会って、歳を重ねる度にどんどん距離が縮まっていったかなぁと思いますが、こんなに親しくなったのは愛ちゃんが卒業する少し前くらいからだったかと思います！ そして、私が卒業してから、もーーっと仲良くさせて頂いてます！

A.03 温厚篤実！ 誰にでも優しく、人に好かれる温かみのある人♡ そして、真面目、誠実！ 時に頑固ですが、それも真面目さ故！

A.04 😊

A.05 愛ちゃんらしいな～よりかは、愛ちゃんだなぁ～って思ったのが、江崎グリコのカフェオーレのweb動画！ サプライズのリアクションとか、嬉しくて泣いてる姿、仕草、表情、普段の愛ちゃんが溢れ出過ぎてました♡ あべさんとの夫婦感もそのまんまで、すごく癒されました😊

A.06 ・『Take off is now! 』（2009年春ツアーVer.）
愛ちゃんが2階から登場して来た時は鳥肌が立ちました！
・『記憶の迷路』（High-King）
出だしの「♪甘い～口付け～」の愛ちゃんが歌うところが好き！
・『Moonlight night～月夜の晩だよ～』
（2011年春ツアーVer. 高橋 愛 新垣里沙 鞘師里保）
GOKI-GENsのも好きです😊
・『雪/愛×あなた≧好き』
見学として見に行った、2007年のお正月ハローのコンサートで初めてこの曲を歌う愛ちゃんを見て、可愛すぎてハート撃ち抜かれました💘
・『夢から醒めて』とてもいい歌で、2009年の春ツアーで歌っていたのですが、いつだったかの公演で愛ちゃんがこの歌を歌いながら、泣いていたのが印象的です。かっこよく踊って歌う愛ちゃんと、可愛く歌う愛ちゃん、両方好きです♡

A.07 20周年おめでとうございます！ みんなに愛されて20周年♡ これからも愛ちゃんらしく、表現の世界を楽しんで下さい！ 益々の活躍を楽しみにしています！ また落ち着いたら、ニュージーランドに遊びに来てください！ お祝いとして、とびっきりのおもてなしをさせて頂きます♡ 待ってま～す！

三苫 愛さん ／ヘア & メイクアップ アーティスト

A.01 友人

A.02 雑誌の撮影が最初の出会いです。友人同士がつながっていて、最初から初めて会った感じがしなかったです。そこからLAに遊びに来て、家に泊まったり、旅行したりして、すごく仲良くなりました。

A.03 太陽みたいに明るい子♡ ＆男前

A.04 ♥

A.05 LA滞在の最後、一緒にコストコに行った時、急にダイソンの掃除機を私たち夫婦にプレゼントしてくれました。「お世話になったから」と言って、掃除機をくれる愛ちゃんに男前さを感じました。

A.06 『Mr.Moonlight～愛のビッグバンド～』の愛ちゃんが男役の主人公のやつ!! YouTubeで何度も見ました。

A.07 愛ちゃん、デビュー20周年おめでとう！！ 優しく、細やかで、人想い、時に男前なところが大好きです♡ いつも梅干しのプレゼントありがとう。 また東京かLAで会える日を楽しみにしています。

村上ショージさん ／芸人

A.01 MBS『ヤングタウン』での共演

A.02 2003年に『ヤングタウン』で共演

A.03 天然！

A.05 ラジオなどで、訛りが抜けてないところが良い。普通は標準語になっていくはずなのに、、また、いつも明るい！

A.07 まだまだ人生も長いので、好きなことやりながら、余生を楽しんでください！

山田昌治さん ／YU-Mエンターテインメント株式会社 代表取締役社長

A.01 デビュー時のマネージャー

A.02 2001年 オーディション特番の日がはじめましてだった気がします。

A.03 可愛いテッテケテー or 王騎

A.04 😂 何かLINEしてるとよく出てくる気がします。

A.05 彼女の行動力や実行力をメチャメチャ尊敬しているのですが、そのような話を本人にすると「いや～そんな事無いですよ～～～」っていつも謙遜するんです。そんな控えめな所と、好きな物のことを話す時の「でしょ～～！そうなんですよ～～！！」って熱意と圧力のギャップがとても素敵です！

A.06 沢山有り過ぎて難しいです！ 卒業ライブの、『自信持って 夢を持って 飛び立つから』、5期の中で推された『Mr.Moonlight ～愛のビッグバンド～』、裏メインだった『そうだ！We're ALIVE』etc.…

A.07 20周年か。デビュー時の事を思い出すとお互い若かったなぁ～。
あの当時は一生懸命努力して、でも（本人的には）足りなくて、たくさん泣いたり悔しい思いをしていたと思います。信念が強くて、器用に見られるけど実は不器用で。大変な時期も何度も有ったと思うけど、努力で解決してきたイメージです。20年経っても、こうやって絆があることは神様に感謝ですし、たまにするカジュアルなLINEのやり取りで、いつも心洗われています。30周年、40周年とカラフルに進化する高橋 愛にこれからも期待してます！ これからは、いつも皆を幸せにするチャーミングな笑顔の瞬間だけでは無く、肩の力を抜いてリラックスする瞬間も増やしていっても良いのかなと思ったりもします。

リンリンさん ／中国アイドルプロデューサー、モーニング娘。8期メンバー

A.01 姉妹♡（笑）

A.02 愛ちゃんと出会いましたのは、アップフロントにきた時で、まだエッグだった時ですね。親しくなったきっかけはモーニング娘。に加入した後。中国ではリンリン、ずっとひとりで活動していました。団体行動が初めてで、どうやってみんなと接触すればいいかわからなくて、日本語もうまく話せなくて、いつも感情ちゃんと伝えられなくて。それでどんどん怖くなって心が折れそうな時、自分を守る壁をつくった。愛ちゃんがその私をヒッパってくれて助けてくれました。一生の宝物です！

A.03 愛の天使

A.04 ♡(*ᴗ*)♡

A.05 私、寒いジョークいっぱい言ってました。でも笑ってくれる優しい愛ちゃんが本当かわいいすぎる！

A.06 この質問は私めっちゃめっちゃ書けるですけど！ 愛ちゃんの歌唱力、ダンス力、神レベルです！ 愛ちゃんの神作の曲『Do it！Now』と『SONGS』は個人的にとてもおすすめです！ そして愛ちゃんと宝塚コラボの舞台も大好きです^o^ カッコイイ系かわいい系セクシー系なんでも演出できる天才です！ 私いうより、愛ちゃんの演出一回みれば私の言うことがわかりますと思います！ 演技も上手で、ファッションセンスも素敵です！ 完璧美人！

A.07 愛ちゃんデビュー20周年おめでとうございます！ 愛ちゃんと出会えて本当に幸せです、私もっと若い時に愛ちゃんと出会いたかった！ もっと愛ちゃんの人生参加したかった！ だから愛ちゃんと結婚したあべさんに超嫉妬（笑） これからも皆さま素敵な愛ちゃんをずっと応援してください！ ありがとうございます！

CONCLUSION

――まずは20周年おめでとうございます。

ありがとうございます。振り返ると一年一年とても濃かったと思うんですが、え！？もう20年経つんだって感じです。14歳でデビューしたときはモーニング娘。に10年在籍するなんて思ってなかったし、ましてや芸能生活を20年も続けているなんて想像してなかった！

――今回モーニング娘。時代を振り返ることも多かったと思いますが、当時と大きく変わったと思ったことはありましたか？

やっぱりポジティブになったことかな。多分別人くらい人格変わっています(笑)。当時はせっかく念願のモーニング娘。のメンバーになれたのに、人と比べて落ち込むことばかりで。超ネガティブ人間でした。でもそのときに落ちるところまで落ちた経験があって、今の自分があるなって感じるから、そのときの自分もプラスに受け止めています。今となっては「人生をどうプラスにしてやろうかゲーム」だって思ってますからね！

――どうしてそこまでポジティブになれたんでしょう？

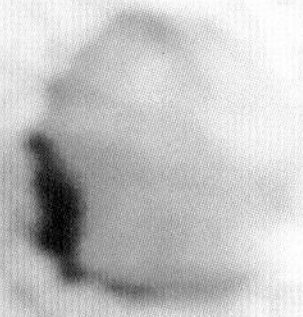

うーん、きっと今好きなことができているからだと思います。モーニング娘。でいるときも、もちろん好きなことをしていたのですが、知らず知らずのうちに周りの人や環境に合わせていたのかもしれない。どこか受け身で、それに対して疑問を感じることもなく、でも一生懸命目の前のことに挑戦していました。本のお仕事をいただいたときも、お話をくださった方に全力でついていきます！って姿勢でしたが、今回初めて「モーニング娘。の本を作りたいんです！」って自分から持ち込んだんです。いろんな方が動いてくださって、自分の本にメンバーを招く形で実現しました。当初自分が持ち込んだものとは少し違う内容になったけど、結果想像以上にいいものができたと思っています。こういうものっていろんな偶然が重なって、楽しんでいないと生まれないものなんですよね。自分一人の力では何もできないから、関わってくださったすべての方に本当に感…謝……(ほろりと涙)し…ていま…す(そして号泣)。

――これからの高橋 愛として、一番大事に思っていることはなんですか？

「愛を持って今を生きること」です。愛って相手や物事に対して慈しみを与え、それに対して見返りを求めない感情のことをいうと思うのですが、それって相手に対しても自分に対しても100%の信頼感から生まれるものかなと。私がこれくらいやってるんだからこうしてと相手に求めたり、こうしてもらわないと私は愛されてないって思うのは相手だけでなく自分を信頼できていないからで、本当の意味の愛とは違う。きっと神様も人間を作ったけど、それに対して見返りなんて求めてないんじゃないかな。あとはいつでも「今」が一番大事。将来こうしたいなって思うことはぼんやりあるけど、必ずそれをしなくちゃいけないとかって決めちゃうと自分で自分を縛ってしまうと思う。年齢も一緒。何歳だからもうできないとか、そんな言い訳はしたくないんです。「今」を楽しんでいれば、人生はそれをずっと更新していくだけなので、きっと何年先も「ハッピー野郎」でいると思いますよ(笑)。

――最後に読者の方へ一言お願いします。

この本を手に取って最後まで読んでくださり、本当にありがとうございました。ネガティブだった人間が、ここまでハッピー野郎になれるんだよってことが伝わったのであれば、これほど嬉しいことはありません。これからも皆さんのくださるたくさんの「愛」に感謝し、そして私の「愛」を注いで「今」を一緒に生きていけることを祈っています。

Ai Takahashi

CREDIT

#01
ヘッドピース¥35,200／MiyukiKitahara
スーツ／スタイリスト私物

#02
ドレス¥72,000／ナツキサザワ
スニーカー／スタイリスト私物

#03
リボンエプロン¥99,000／MiyukiKitahara
ブーツ¥8,500／チャールズアンドキース
（チャールズアンドキース ジャパン）
ワンピース／スタイリスト私物

#04
コート¥39,600／メゾンスペシャル（メゾンスペシャル 青山）
シアートップス¥47,300／フミエタナカ（ドール）
スカート¥35,200／ビリティス・ディセッタン（ビリティス）
シューズ¥7,900／チャールズアンドキース
（チャールズアンドキース ジャパン）

#05
パンツ¥52,800／ナオキトミヅカ（エスティーム プレス）
トップス／スタイリスト私物

#06
ベスト¥35,200／メゾンスペシャル（メゾンスペシャル 青山）
ボディスーツ¥23,100／MOE WATANABE
その他／スタイリスト私物

#07
ジャケット¥68,200、パンツ¥36,300／
ともにジェーン スミス（UTS PR）
その他／スタイリスト私物

#08
ピアス¥30,800／モイル
その他／スタイリスト私物

#09
コート¥115,500／トトン（SAVANT SHOWROOM）
中に着たトップス¥13,200／メゾンスペシャル
（メゾンスペシャル 青山）
その他／スタイリスト私物

#10
ワンピース¥64,900／ユハン ワン、
イヤカフ¥11,000／マム（ともにレイ ビームス 新宿）

#01

#02

#03

#04

#05

#06

#07

#08

#09
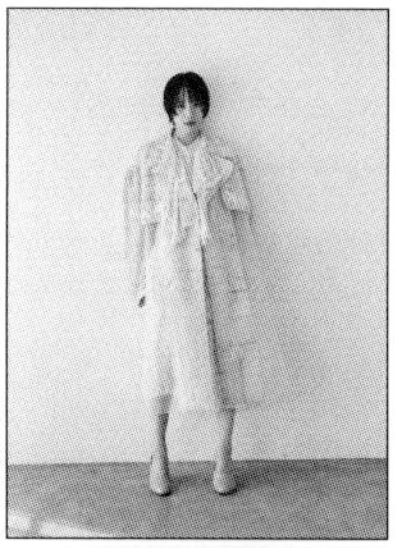

#10
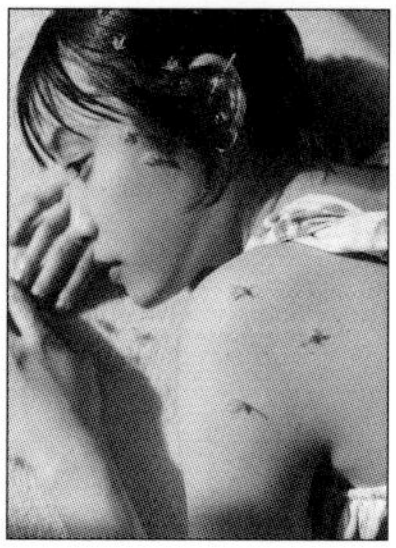

STAFF CREDIT

photographs_
YURI HANAMORI
(cover,P002-003,P006-037,P072)
TAKAHIRO OTSUJI[go relax E more]
(book cover,P112,P118-133,
P138-139,P142)
SHINTARO YOSHIMATSU
(P040-045,P054-057,P114-117)
TAIJUN HIRAMOTO
(P046-053[model],P084-099)
ATSUKO KITAURA
(P058-063,P074-083)
MAYA KAJITA[STUDIO e7]
(P060-061[item])

styling_
AKANE KOIZUMI
(cover,P002-003,P006-037,P072)
NAOMI BANBA
(book cover,P112,P118-133,
P138-139,P142)
AI TAKAHASHI
(P040-063,P074-083,P108-111,
P114-117)

hair & make-up_
KONOMI KITAHARA[kiki]
(cover, P002-003,P006-037,
P054-057,P072)
KIKA
(book cover,P112,P118-133,
P138-139,P142)
REI FUKUOKA[TRON]
(P058-063)

text & interview
SONOKO TOKAIRIN
(P040-057,P100-111,P134-137)
KAZUMI NAMBA
(P064-071)

management_
IZUMI YANO
[UP-FRONT CREATE]
MEMI SAWADA
[UP-FRONT CREATE]

artdirection & design_
KAORI OKAMURA
design_
AYA KANAMORI

dtp_
NOBUTAKE KANEMARU
[LOOPS PRODUCTION]

edit_
MIHOKO SAITO
MASAYOSHI TAMURA
[TAKARAJIMASHA]
SAEKO KASUGA
[TAKARAJIMASHA]

SHOP LIST

FASHION

UTS PR	03-6427-1030
エスティーム プレス	03-5428-0928
グレイ	https://graygraygray.jp/pages/contact-1
SAVANT SHOWROOM	03-6457-9003
チャールズアンドキース ジャパン	http://charleskeith.jp/
ドール	03-4361-8240
ナツキササザワ	Instagram@natsukisasazawa
ビームス ウィメン 原宿	03-5413-6415
ビームス公式オンラインショップ	https://www.beams.co.jp/
ビームス ボーイ 原宿	03-5770-5550
ヒュー・デイ・トゥ・イブニング	06-6105-5071
ビリティス	03-3403-0320
ホリデイ	03-6805-1273
MiyukiKitahara	Info@miyukikitahara.com
メゾンスペシャル 青山	03-6451-1660
モイル	order.moil@gmail.com
MOE WATANABE	hello.m.watanabe@gmail.com
ラベルエチュード	labelleetude_info@auntierosa.com
レイ ビームス 新宿	03-5368-2191

COSME

アイムミクス カスタマーサービス	050-3204-2967
アディクション ビューティ	0120-586-683
OSAJI	0120-977-948
コージー本舗	03-3842-0226
ジルスチュアート　ビューティ	0120-878-652
セルヴォーク	03-3261-2892
ナズル	0120-916-852
パルファム ジバンシイ[LVMHフレグランスブランズ]	03-3264-3941
hince	050-5357-3311

高橋 愛（たかはし あい）

モーニング娘。5期メンバーとして10年間在籍。卒業後は、女優としてミュージカルや舞台、ドラマで活躍。現在は、多数のファッション誌やビューティ誌にモデルとして出演中。こだわりを活かした各ファッションブランドとのコラボアイテムも展開し、プライベートブランド『fukuu（フクウ）』も立ち上げた。ファッションコーディネートアプリWEARやInstagramなど、SNSの総フォロワー数は429万人を突破！（2021年10月現在）

Instagram @i_am_takahashi

YouTubeチャンネル『高橋愛lab。』

AI VERSARY

2021年11月12日　第1刷発行

著者　高橋 愛
発行人　蓮見清一
発行所　株式会社宝島社
〒102-8388
東京都千代田区一番町25番地
電話　営業：03-3234-4621
編集：03-3239-0926
https://tkj.jp

印刷・製本　株式会社リーブルテック

ISBN 978-4-299-02032-1